STAN LEE

A Life in Comics

漫威宇宙

史丹・李與他的超級英雄

U0019016

里爾・萊博維茨
LIEL LEIBOVITZ——著
傅思華——譯

致我親愛的英雄——
麗莎、莉莉、哈德森

CONTENTS

MS. MARVEL
STAR LORD
THOR
STORM
HULK
CKET RACCOON
WOLVERINE
IRON MAN
ESSICA JONES
DAREDEVIL
BLACK WIDOW
SPIDER-MAN
APTAIN MARVE
THE FALCON
GROOT
GAMORA

STORM
HULK
WOLVERINE
IRON MAN
DAREDEVIL
BLACK WIDOW
SPIDER-MAN
THE FALCON
GROOT
GAMORA

CHAPTER 1

重生：向漫威帝國邁進

史丹・李打算辭職不幹了！

那是一九六一年的夏天，過去七年間劇本的存量充沛，足以提供史丹・李和他的同事每週大量製作的好幾部漫畫內容。事實上，早在一九五四年，麻煩便開始浮現。當時，精神病學家弗雷德里克・魏特漢（Fredric Wertham）——出生於巴伐利亞，為精神分析學派佛洛伊德的信徒——發起了反漫畫運動。他採訪了數十位青少年罪犯後，在他以無可救藥的標題命名的著作《誘惑無辜》（*Seduction of the Innocent*）中宣稱，自己驚訝地得知這些少年犯竟然全都是狂熱的漫畫讀者。美國國會沒什麼耐心弄清楚「相互關係」與「因果關係」之間的差別，就採信了魏特漢的控訴——在陸軍－麥卡錫聽證會（Army-McCarthy hearings）[1]開始的那一個月，電視上也轉播了一系列針對漫畫界召開的聽證會——也激發了一如冷戰偏執狂的狂熱行動。聽證會傳喚了名冊上的漫畫出版商，批評他們出版的漫畫以過於暴力的圖像為賣點。這些出版商生怕觸犯法規，只好匆忙創立「漫畫準則管理局」，制定嚴格的自我審查準則。這份一九五四年的準則規定：「所有漫畫內容，善良都應戰勝邪惡，罪犯都得為犯下的罪行受到懲罰。」此外，故事也不得刻畫誘惑的情節，更別提「性變態或可推論同類的橋段。」

然而，漫畫業恪遵規範的自清作法，無益於贏得新漫畫迷的青睞。多年後，史丹·李回想起自己以前在卡茨基爾（Catskills）過週末時，曾經跟一位槍枝推銷員展開談話。當他聊到自己是位漫畫編輯時，卻遭那名男子嘲笑說：「那絕對是犯罪！你的工作很不道德，應該受到譴責！你要為自己犯下的罪行入獄！」[1]這件事，就像史丹·李說過的許多精采故事一樣，可能也是杜撰的，但許多美國人對漫畫創作者的蔑視並非虛構。這還不算最糟糕的，漫畫業更因為不能再製作《犯罪懸疑故事》[2]（*Crime SuspenStories*）或《魔界恐怖》[3]（*Crypt of Terror*）之類的熱門作品，很快便陷入裁員和解僱的泥淖中。一天下午，老闆把史丹·李叫來，告訴他公司的漫畫生產量很快就會減少到每個月只出幾本，所以

---

1 一九五四年，美國陸軍指責共和黨參議員麥卡錫（Joseph Raymond McCarthy）施壓軍隊的人事安排，雙方因此展開為期三十六天的聽證會。一九五〇年代起，冷戰的緊張局勢引發美國大眾恐慌，恐懼共產主義的顛覆，麥卡錫無憑無據便宣稱握有一份「共產黨員與間諜名單」，在美國造成「紅色恐怖」，影響深遠。

2 EC漫畫公司（EC Comics）在一九五〇年代初出版的雙月刊犯罪漫畫，內容包含各式各樣的犯罪行為。

3 美國一九五〇年代的恐怖漫畫，劇情圍繞在鬼魂、骷髏等元素組成的靈異事件。

史丹・李必須解僱整組員工。幾十年後，史丹・李回憶道：「這是我一生中做過最艱難的事。我是這些人的朋友，卻必須對他們說出口。我曾經跟當中的許多人在他們家裡共進晚餐，我認識他們的妻子、兒女，卻不得不告訴他們這個殘酷的消息。正如我剛剛說的，那是我有史以來做過最可怕的事，但我必須狠下心來執行。」[2]

被趕出原來的寬敞辦公室後，史丹・李的座位搬到公司暢銷男性雜誌部門的一個小隔間，負責創作一些無傷大雅的內容，像是兩個叫做米莉和小辣椒的模特兒各有什麼樣的小怪僻，或是一條穿尿布的巨龍展開的冒險。史丹・李一直任職於這間公司。它一開始叫做「及時漫畫」(Timely Comics)，一九三九年起改名「亞特拉斯」(Atlas)，史丹・李也跟著迅速升遷，從墨水填充人員和幫忙買三明治的小弟，一路升職到總編輯的位置，但現在他開始思考漫畫業是不是已經日薄西山了。他向某位同事坦言：「這就像是有艘船正在往下沉，而我們是船上的老鼠，必須趕快跳船逃生。」[3]

但是跳船意味著要冒失業的風險，而這樣的後果恰巧是史丹・李無法承受的。史丹・李的父親原本是一名紐約服裝區的裁縫師，卻因遭逢經濟大蕭條[4]（Great Depression）

而喪失生計。在成長過程中，史丹．李每天放學回家，就會看到父親眼神茫然空洞地坐在廚房的餐桌邊。史丹．李有妻子和一個小孩要養，而他覺得最可怕的命運，莫過於重演童年時代的核心劇碼，劇情圍繞在父母為錢爭吵。對工作不甚滿意的他試圖想像其他謀生方式，例如自助出版附有幽默圖說的照片集，或試著賣出自己寫的電視劇本。一九五八年，事態暫時顯露一絲曙光，他跟畫家朋友喬．曼尼利（Joe Maneely）將連環漫畫《里昂夫人的童子軍》（*Mrs. Lyons' Cubs*）賣給一家獨立報社，故事主角是一群說話逗趣的小男童軍和他們的媽媽，但這部作品仍逃不過命中注定的悲劇：負責作畫的漫畫家曼尼利弄丟了他的眼鏡，當天喝了一點酒的他於傍晚時分通勤回家，在回新澤西州途中，因為想呼吸新鮮空氣，從兩節火車廂之間跨了出去，結果不幸墜落身亡。

史丹．李又堅守了幾年崗位，但他對漫畫業的看法也日益黯淡。他從不是漫畫迷，小時候，他的讀物是狄更斯和馬克．吐溫的作品，而不是《超人》和《蝙蝠俠》。他也開始

4　一九二九—一九三三年，全球經歷前所未有的經濟大衰退，美國首當其衝受到影響，失業率甚至高達二十五％。

思忖，自己花了二十年時間創作和編輯的作品類型，會不會只是曇花一現的流行。即使不是，他真的想要耗費餘生，構想那些名叫格魯特[5]（Groot）、蛀翁爬行怪[6]（Droom）或軍閥克朗[7]（Krang）這種角色的故事嗎？他都快四十歲了，想寫一些有意義、真實的故事，描寫複雜的人物在各式各樣情感中掙扎的劇情，而這些豐富的情感卻是你做漫畫無法展現的。在踏入漫畫業之初，他為自己取了「史丹．李」的筆名，保留了他的真名史丹利．馬丁．李伯（Stanley Martin Lieber），因為他打算把真名留給他一直夢想著要寫出來的那部偉大的美國小說。他心想，也許是時候該認真看待自己的未來了。

一天，史丹．李的老闆馬丁．古德曼（Martin Goodman）比完一場高爾夫球賽回到了公司，召喚史丹．李進他的辦公室談談。老闆這席談話讓史丹．李的腦袋裡又迫切浮現了離職的想法，而且揮之不去。古德曼告訴史丹．李，他剛才與ＤＣ漫畫公司（ＤＣ Comics）的漫畫發行人傑克．雷博維茲（Jack Liebowitz）一起比賽時，得知ＤＣ新系列作品《正義聯盟》正在幫ＤＣ賺大錢。ＤＣ公司的構想很簡單：比起只讓一位超級英雄亮相當主角，ＤＣ寧可決定把全部的雞蛋都放在同一個籃子裡，於是他們開始設計將超人、蝙蝠俠、神力女超人、閃電俠和其他角色都放進同一部漫畫的大型作品裡。雷博維茲告訴古德曼，新推出的《正義聯盟》漫畫簡直賣到翻，使得古德曼趕緊回公司上班，命令他的編輯史丹・李推出一部模仿作品，跟著賺一筆快錢。

這是史丹・李最不想聽到的消息。那天晚上回家後，他告訴妻子瓊恩自己與古德曼的談話。瓊恩問丈夫怎麼回答老闆，史丹・李嘆了口氣：「我說我會考慮看看，但事實上，這樣又有什麼意義呢？我不想只是一直重複使用舊角色來寫作。」接著，他停頓了一下，然後大聲對妻子坦承一直以來只在他腦海中打轉的負面念頭：「我想辭職。」

瓊恩沉默片刻，然後終於開口：「聽我說，史丹。如果你想辭職，你知道我會支持你，但是你想想：如果古德曼希望你創造一支新的超級英雄隊伍，這可能是你按照自己一直想要的方式去創作的機會。你可以想像那些賦予故事更多深度和意義的情節，創造

5 漫威超級英雄，身體呈樹木狀，又稱「樹人格魯特」，來自格魯特星球，後來成為《星際異攻隊》的一員。
6 原本只是普通的爬行動物，某次接觸了生長血清之後，變身為像山一樣高大的綠色爬行怪物。
7 擁有海底人般的技能，能夠用腮呼吸，只能離開水面九分鐘，否則精神和情緒就會劇烈波動，所以有時在陸地上活動時，會頭戴裝滿水的頭盔以維持身體機能。

具備有趣個性的人物，讓他們說起話來就像真實的人一樣。」她說，稍微實驗看看，可能會很好玩喔！她還微笑著補充說：「最糟糕的情況，就是古德曼一怒之下把你開除，但你本來就想辭職了，所以你又有什麼損失呢？」[4]

史丹．李接受了妻子的開導，繼續上班去。他沒有具體的想法，只有一長串不滿。過去二十年間，他觀察到漫畫業出版了缺乏獨創性或甚至更糟糕的作品，讓他對工作的不滿與日俱增。

首先是超級英雄本身的問題。史丹．李從來不是超人這種典型漫畫主角的狂熱粉絲，他認為，如果漫畫中的角色永遠不會犯錯，那種故事也沒什麼意思。一九三八年夏天，超人在首次登場的第一冊漫畫中，就將一位遭誣告的女子從電椅上救下來、給了某個虐待妻子的丈夫一頓慘痛教訓，還徒手抬起綁匪的汽車、拯救了被綁架的露薏絲．蓮恩[8]（Lois Lane），然後又制止了某個叛國的參議員向歐洲發動戰爭。在漫畫短短十三頁的情節裡，超人毫不費力地完成了上面的所有任務。當然，正如超人的創作者在漫畫最後一頁所宣傳的：超人是一個「體能上的奇蹟，心智上的奇才」，他「注定要改寫世界的命運！」但，超人是個有趣的角色嗎？史丹．李不確定。這種英雄跟他在成長時期仰慕的英雄截然不同：福爾摩斯是古柯鹼成癮的遁世者，別人無法相信他能夠靠自己過生活，他的精神狀態一直令朋友擔心；鐘樓怪人加西莫多是個被迫殺人的駝子，命運迫使他犯下殺人的罪行；哈姆雷特最令人印象深刻的是他沉思生命本身是否值得我們一生煩擾。那麼，為什麼漫畫的英雄們必須千篇一律善良美好得這麼乏味呢？他們不能接受自己偶爾勃然大怒，或經歷萬分痛苦的時刻嗎？他們不會有時也犯下可怕的錯誤嗎？還有，為什麼他們總是堅持隱藏自己的真實身份？李常會思考：要是我擁有什麼超能力的話，我反而巴不得全世界的人都知道呢！

英雄的搭檔也和英雄一樣索然無味。從蝙蝠俠的羅賓（Robin）到超人的吉米．奧爾森[9]（Jimmy Olsen），史丹．李明白為什麼漫畫業創造出這麼多天真爛漫的年輕綠葉：少

8 露薏絲．蓮恩是超人化身為記者克拉克．肯特（Clark Kent）時的同事，並崇拜著超人，在發現克拉克的真實身份後與他交往，最後步入禮堂。

9 與克拉克、露薏絲．蓮恩在同一間報社裡工作，是超人的摯友，時常和超人一同冒險，超人也經常拯救他脫離險境。

了這種陪襯角色，穿著披風、無所不能的強壯男主角，除了飛天、揮拳、舉起人或物、昂首闊步之外，幾乎沒什麼事做，除了偶爾笨拙地自言自語幾句，大多數時候悶不吭聲。但如果分配給英雄一個年輕的隨從，這位英雄突然間會以父親般的姿態，覺得必須說明自己的行動過程，用饒富詩意的方式滔滔說起眼前的危機。如果這位年輕搭檔的年紀恰好跟一般漫畫讀者的年齡相同，那就更好了！史丹．李十分了解這種對應關係，但他發現這種模式只是把讀者當成無知的幼童看待。他相信，即便是年輕的讀者，也有足夠的聰明才智，可以自己看懂情節的走向。此外，這些說明會讓超級英雄看起來比較像個中學老師，少了蒙面復仇者該有的樣子。

然而，漫畫裡的男人至少還能一嘗打擊犯罪的滋味，女性角色可就無法享有這種特權了。露薏絲．蓮恩與超人不同，只能被侷限於墜落的狀態：墜入愛河，陷入險境，從高樓大廈墜落，揮舞著手臂召喚她的英雄前來相救。當然，漫畫裡偶爾也會出現幾個傑出的女英雄，例如神力女超人、蝙蝠女俠，但這些是特例。她們之所以會令讀者覺得有趣，是因為你沒料到會看到一個女性角色穿上全套英雄服裝、加入男人的遊戲中。史丹・李認為，從兩方面來說，這種劇情模式會箝制了每位作家：一是這意味著作者只能講述關於男性的故事，再者是，這些男性角色注定只能擁有膚淺的感情關係，而這種關係不論看起來或感覺起來，都不同於史丹・李本人享受的婚姻關係。他與妻子瓊恩之間那種相互扶持、用心維繫的伴侶關係，是唯有兩個體貼且懂得付出的成年人，才有可能建立與維持的。

最後是牽涉到漫畫本身創作模式這個難題。在這樣一個各部門分工明確的行業裡，每位工作者——作家／編劇、鉛筆稿畫師[10]（penciler）、墨線師[11]（inker）、上色師（colorist）——本來都只需要盡自己的本份就好。但史丹・李開創了某種方法，為即興創作預留寬裕的空間，並且因為這種獨特的創作方法而聞名。他會交給旗下的藝術家一份詳細的故事梗概，而且只要情況有需要，他會直接跳到桌上，自己先演一遍某場戲的某些劇情片段，

10 畫師為漫畫的主要藝術創作者，與作家討論完情節之後，著手畫出漫畫的主要基礎草稿。

11 墨線師在畫師完成草稿之後，負責繪製人物與背景的線條，凸顯陰影、色彩明暗，區別出每個人、物間的相對位置。

然後請藝術家們畫下自己認為適合的內容，然後才分配給他們各自負責的頁面、添入文本。兩年前成立的芝加哥第二城喜劇團（The Second City theater），早就以這套相同的方針而聞名：將幾個有創造力的人聚集在一起，給他們一個明確定義的前提，然後讓他們即興討論，從彼此的看法中汲取養分、集思廣益。這種工作法開創的整體創造力，會比各自分散的能量加總起來還要更強大。

這部英雄團隊作品是史丹．李的最後一搏，只能交給他唯一信賴可以盡情發揮這種即興創作優勢的那個人。他立即將一些對於角色的想法寫在備忘錄上，交給一個身形矮小、嘴裡大聲抽咬羅伊譚（Roi-Tan）雪茄、每天工作十四個小時的男人。這個人在其他畫家只能完成一張草稿的時間內，能夠畫出四到五張富有創意的完整頁面。史丹．李告訴妻子，如果有人能讓他的瘋狂點子躍然紙上，那個人非傑克．科比（Jack Kirby）莫屬。

史丹．李和科比，兩人年紀相差五歲。他們都是在紐約長大的猶太裔，當兩人還是小男孩時，住的地方也只相距幾英里，但是在眾人眼中，他們是截然不同的探討對象。史丹．李從小閱讀經典名作，夢想成為著名的小說家；科比則忙著在街頭幫派裡幹架，夢想是不要被揍得太慘、平順撐過一整天。史丹·李魅力十足、愉快活潑，流暢又完整表達的語句裝飾著金色的驚嘆號；相反地，話語很難從科比的口中流瀉而出，多半是從濃重的紐約下東城[12]口音中擠出來。史丹·李身高一八〇·三公分，身材健壯；科比的身材矮小許多，還有駝背，這是拜長時間在辦公桌前彎腰作畫所賜。幾十年前他們初次見面時，科比已經是漫畫界最耀眼的明星，並且剛發行了以他新創作的美國隊長（Captain America）為主角的作品，用來對付希特勒。那時候史丹·李才十幾歲，還只是科比的少年助手，但現在史丹·李成了發號施令的人。科比就像當時其他漫畫家一樣，創造出的角色都不屬於自己，每頁只能賺一點點錢，這些理由都足以讓他對史丹·李——管理階層的手下——感到不滿。只不過，即使是像科比這樣的硬漢都無法否認：雖然史丹·李有時候很煩人又喋喋不休，但他的點子真的很棒。

為了製作一部顛覆傳統題材的新漫畫，史丹·李當初到底如何孤注一擲地拉攏科比，直到今天仍然眾說紛紜。包括史丹·李本人在內的某些人士認為，史丹·李興奮地

12 紐約下東城的居民以猶太裔藍領階級移民為主。

將點子寫在一份四頁的備忘錄上，上面洋洋灑灑地完整記錄了所有的角色和基本情節，然後交給科比當畫漫畫的參考。但其他人，包含科比在內，認為是他們兩人聊天時一起創造出這些人物，之後再著手進行各自負責的工作：由史丹．在備忘錄上總結兩人的想法，科比再接手努力設計新的英雄與他們的世界。無論真實情況如何，任何人只需閱讀前四頁這部他們共同打造的新作，就可以理解它不僅是兩人共同創作的結晶：作品內容雖然是虛構的，但它在情感面上的刻畫反映了這兩人的關係。

在這部漫畫裡，名為李德．理查茲（Reed Richards）的角色正是史丹．李的化身。一趟前往火星的任務發生異常狀況，使得理查茲暴露於宇宙射線[13]中——在當時的現實社會，對太空競賽[14]和核輻射的恐懼，是美國人普遍關注的焦點——而理查茲在墜落地球後，發現自己變得可以任意往任何方向伸展、扭轉身體。史丹．李運用了他的誇飾修辭筆法，讓理查茲稱呼自己為「驚奇先生」（Mister Fantastic）。

幾十年後，史丹．李對一位採訪者表示：「百萬年前有一部漫畫叫做《塑膠人》[15]，裡面的角色可以隨意伸長身體。那部漫畫走的是搞笑路線，但我始終覺得，如果讓一個嚴肅路線的英雄擁有這種超能力，會是很棒的點子。所以當時我心想，我要讓我們的英雄具備伸展的能力。但我不希望他只是其他人物的仿冒品而已，我要讓他成為地表上最偉大、最聰明的科學家。還有，我不要他是那種陳腔濫調的典型人物。我想像他會是世界上最無聊的人，有點像我。他話太多，又愛說大話，所以其他人物，尤其是石頭人（the Thing），總會對他說：「可以請你閉嘴嗎！」[5]

「石頭人」班・格林姆（Ben Grimm）是理查茲的飛行船駕駛，也是科比的化身。他的模樣和講話方式，都像是藝術家科比的翻版。班・格林姆的太空之旅不像他的鬥嘴夥伴那麼幸運：他沒有獲得讓身體伸縮自如的超能力，而是變成一個全身布滿石塊的人，一具可以走動的隕石山，不用花什麼力氣就能夠折疊一塊厚實的金屬板。石頭人不擅言詞，又總是一副憂心忡忡的樣子，只有在練習他的技藝的時候——舉物、揮拳、重擊、

13 外太空中的高能帶電粒子，含有輻射劑量，長期暴露於宇宙射線中會對人體造成傷害。
14 二十世紀，美國與蘇聯冷戰期間，美蘇兩國為了證明各自的航太實力，展開在太空中的科學競技。
15 塑膠人（Plastic Man）是DC公司的超級英雄，原本是一名竊賊，後來在陰錯陽差之下獲得可以任意伸縮身體的超能力，並加入正義聯盟。

狠揍——或是跟驚奇先生起爭執時，這個角色才會充滿生氣。除此之外還有兩名成員也加入這個組合：理查茲的未婚妻蘇．史東（Susan Storm），她也在奇妙的太空射線影響之下，變成能夠隱身的隱形女（Invisible Girl），以及她的弟弟強尼．史東（Johnny Storm），一名血氣方剛的少年，具有自體燃燒的能力，能夠讓自己化身為快速飛行的「霹靂火」。這四個超能力者角色的組合，名為「驚奇四超人」（the Fantastic Four）。

在那個時代，儘管需要幾個月時間才能將銷售數字做成報表，但馬丁．古德曼不需要等財務報表出爐，就可以知道史丹．李已經為他打造一部暢銷作品了。雪片般湧入的信件很快就淹沒了公司的收發室，不是壞脾氣的讀者抱怨裝訂的騎馬釘不見了那種尋常信件，而是情溢於表的粉絲們熱情洋溢的信函。這些粉絲發現這群漫畫界的新星有太多值得他們喜愛之處。說到星星，史丹．李的奇想似乎也讓宇宙綻放微笑：《驚奇四超人》第一期完成後不久、上機印刷之前，一名身材矮小、名叫尤里．加加林（Yuri Gagarin）的俄羅斯上校用俄文大聲喊出「出發吧！」，乘著太空船「東方一號」（Vostok）環繞了地球一圈。這趟長達一小時又四十八分鐘的旅程，讓他成為有史以來第一個進入外太空的人類。美國人被蘇聯突如其來的領先嚇到，也準備好歡迎他們自己的太空人，包括那些虛構的——這群漫畫裡的「太空人」永遠吵個不停，而且他們熱衷於探討自身的問題，投入的程度似乎毫不遜於他們面對地球的麻煩時。史丹．李很感動自己的作品能得到讀者的熱烈迴響，放棄了引退計畫，全力以赴投入新系列的漫畫創作。出版三期後，他對前景的樂觀讓他在每一期新發行的《驚奇四超人》上，印上了放肆神氣的標題：「世界上最偉大的漫畫雜誌！」

很快地，古德曼就下令終止出版滯銷的系列漫畫《青春羅曼史》（*Teen-Age Romance*），並指示史丹．李打造下一個英雄。於是，浩克（Hulk）在一九六二年五月登場，隨後在同年八月，蜘蛛人（Spider-Man）和索爾（Thor）也跟著出場。《鋼鐵人》於次年三月首次亮相，到了一九六三年——約翰．甘迺迪（John F. Kennedy）遇刺的悲傷年度——以垂頭喪氣的姿態終於快熬到盡頭的時候，史丹．李幾乎都是跟科比合作，推出了奇異博士（Doctor Strange）、X戰警（X-Men）、復仇者聯盟（Avengers）。到了六〇年代尾聲，銀色衝浪手（Silver Surfer）、黑豹（Black Panther）和星際異攻隊（Guardians of the Galaxy）也都加入了漫威的萬神殿。

對於像史丹·李這樣興奮激動、喜歡自我推銷的人，我們得小心地斟酌判斷他留下的話是否言過其實，但史丹·李的創作重新定義了美國的自我意識，這一點是毋庸置疑的。就我們掌握到史丹·李作品的重要意義而言，不論以哪種角度來衡量，很少有藝術家對美國的流行文化產生如此巨大的影響：當你才剛算出他創造的角色在多放映廳影城賺到的票房究竟高達幾十億美元，馬上就有新的續集作品誕生。這些作品除了橫掃票房之外，也是話題的焦點。人們經常試圖把我們同時代的人物拿來跟史丹·李虛構宇宙中的角色相比擬，藉此表達這些人物的特色。比如人們會說，某個情緒不穩定的億萬富翁發明家是我們現實生活中的「鋼鐵人」，又或者，某個好鬥、易怒的總統就好比「復仇者聯盟」的勁敵薩諾斯（Thanos）一樣。這樣的類比絕不只是懶惰的人物速記而已，也不是像某些眼光短淺的評論家所認為的，顯示新一代人只會在膚淺的文化水域裡划水。這種真人與電影人物之間的類比，表明了史丹·李的作品已經在我們的集體想像中變得根深蒂固，也顯示這些作品在這集體想像中占據多麼龐大的位置。好幾世代的美國人原本已經失去討論、思索道德議題（善與惡的對立、權力和責任）的能力。這些主題曾經只專屬於教堂、清真寺和猶太教堂的領域，史丹・李卻能讓美國大眾在他的作品當中重新發掘它。史丹・李對社會的貢獻在於，重新喚起美國人的道德想像力[16]。因為這一點，小布希（George W. Bush）總統在二〇〇八年將國家藝術獎章頒給了史丹・李：「他創造出複雜的情節、有人情味的超級英雄，頌揚勇氣與誠實，並強調幫助不幸的人有多麼重要，反映美國人的良善天性。」

然而，儘管史丹・李對文化的貢獻經常受到觀眾與讀者的大聲讚揚與歡迎，但他仍然有許多想法尚未得到充分探究。這有一部分原因出在我們當中有許多人看待漫畫的心態，就像幾十年前拒絕了史丹・李的那位勢利推銷員一樣，拒絕相信這種輕薄、以圖像表達情節的書刊可能蘊含值得挖掘的深度。可悲的是，即使對漫畫的學術研究如今已經非常普遍，也仍經常屈服於這種假設，只著重以歷史和社會學的角度來分析漫畫，鮮少

16 哲學家馬克・詹森（Mark Johnson）認為，道德想像力（moral imagination）意味著想像在特定情境下所能採取的各種可能選擇，以解決在道德議題上面臨的挑戰。

關注漫畫的哲學和神學層面。我們可能會用諸如「天性良善」(inherent goodness)之類的宗教用語來談論史丹．李的作品，但是當我們試圖理解它們時，充其量只把這些作品當作一種現代神話的替代品，最糟糕的是，有時甚至還將它們視為成年人幼稚幻想的投射。

這種一般大眾對漫畫的輕蔑態度，也有如史丹．李的漫畫情節在現實世界中上演。雖然《驚奇四超人》第一期才揭開這四人組登場的序曲，第二期就已經讓他們被迫採取防守姿態，上演他們全力以赴拯救的人民誤解與不信任他們的劇碼。任何人只要對《聖經》稍有涉獵，都可以認出這種情節模式：不完美、內心出現矛盾衝突的領導人，跟他們頑固的人民較勁拉扯。

不過，這不表示我們應該將驚奇先生當成現代的摩西，或是將銀色衝浪手視為亞伯拉罕的翻版、將蜘蛛人視為該隱的化身。文學之間的對比，尤其是涉及《聖經》文本的文獻比較，只有將它當成路標來參考、而非當作依據的藍圖時，才具有啟發的意義。

該如何解讀史丹．李的作品，請教史丹．李本人也不是特別有幫助。史丹．李就像許多偉大創作者一樣，任由他的作品證明它們自身的意義，自己只會說些莫名難解的陳述，結果只是引來更多的問號。如果有人尋求明確的證據，想證明史丹・李打造的萬神殿英雄不只會穿著緊身衣、投入無休止的戰鬥之中，那他可能會失望地走開——不過，那些會尋找確切證據的人，對漫畫本身可能也沒什麼興趣就是了。跟其他所有藝術形式比起來，也許漫畫更適合作為詮釋者的媒介，創造出一系列偶像，既神祕又經典，歡迎讀者將這些英雄編織入自己更龐大的生命故事。

為了真正探索石頭人或浩克，了解索爾或X戰警，向X教授（Professor Xavier）或末日博士（Doctor Doom）學習，我們需要了解這些角色，因為他們都是為了被了解而創造出來的。這些被創造出的人物受到某種精神的激勵，也是它使美國人的情感、精神生活充滿生氣，而它本來棲息於禱告的場所，後來在大環境的驅使之下，轉向其他地方尋求庇護，遷徙到搖滾樂、漫畫的領域，在流行文化裡漂流。

我們還需要以下面這個角度來解讀這些角色：第一代美國猶太人由於曾在第二次世界大戰中奮戰、見證了大屠殺，並有意識或無意識地，省思奧許維茲（Auschwitz）集中營慘劇之後生活的道德義務和複雜性，因此心生一種焦慮感，從而創造出這些人物。從許多方面來看，當前超級英雄群雄爭霸的故事，說的是我們學會該相信什麼，以及相信的理由。這一切都起始於大蕭條時期曼哈頓上西城區的一間小公寓。

CHAPTER 2

回溯：美漫時代崛起

傑克・李伯（Jack Lieber）的人生正漸入佳境。這個時候，距離他和弟弟登上埃利斯島[17]（Ellis Island）還不到二十年。兩個少年當年跨海前來尋求庇護時，李伯——當時叫做海曼（Hyman）——是十九歲，亞伯拉罕十四歲。兩人不像當時許多其他移民一樣是來美國尋找發財的機會，而是逃離他們新近獨立的家鄉羅馬尼亞。羅馬尼亞慶祝主權獨立的方式，是禁止猶太人進入公立學校和大學，讓他們在法庭上做羞辱人的宣誓，然後在一切宣告徒然之後，又發動老式的集體屠殺。這對兄弟在紐約找到了製衣業維生，但生活很貧困。他們當寄宿生，跟許多猶太家庭住在一起。這些家庭有空房間給兩人住，但住宿需要付現金。

較年長的李伯努力工作，終於成為熟練的衣料剪裁師。下班後，他經常光顧下東城區的咖啡館。他的猶太同胞們在這一帶逗留，品嘗這裡可以讓他們想起家鄉的菜餚，也在這裡交換彼此最新的八卦。到了一九二〇年，三十四歲的李伯擁有充足的金錢和自信可以追求美國夢了。他向另一個羅馬尼亞移民希莉雅・所羅門（Celia Solomon）求婚，搬進位於紐約西九十八街和西邊大道交叉口附近的一間大公寓。兩年後，也就是一九二二年十二月二十八日，他們的長子史丹利・馬丁・李伯（Stanley Martin Lieber）誕生了。這個孩子後來會擁抱一個更為人熟知的別名：史丹・李。

在無數的採訪和自述中，史丹・李——一貫充滿活力的樂觀主義者——將自己的童年描繪成最愉快的時光，每天閱讀文學經典，騎著腳踏車探索紐約。「騎腳踏車時，」他以詩意的手法滔滔不絕說著。「我想像自己是個騎在高貴駿馬上的偉大騎士。那輛腳踏車是我最好的朋友，因為它給我自由的感覺。我可以在整個城市隨心所欲馳騁，前往我想去的任何地方。沒有別的小孩比我更愛腳踏車了！」[1]他們一家會定期前往當地猶太會堂，史丹・李在會堂附設的戲劇社頗為活躍，但我們不確定這意味著他喜歡重新演繹《聖經》故事，還是他想藉機接近某個他心儀的小女生。總之，他在兩個輪子與舞台上的開拓探索，很可能是一種逃避手段，因為在史丹・李滿七歲前，美國的股票市場崩盤了。他的國家陷入了經濟大蕭條。

17 美國紐約州與新澤西州紐約港內的一座島嶼，緊鄰自由女神像所在的自由島。在一八九二年到一九五四年間，為美國移民管理局所在地，是移民進入曼哈頓的通關口。

起初，他的父親發揮韌性面對這一切。他花了許多年時間才晉升中產階級，所以還不至於灰心喪志。當他找不到剪裁布料的工作，他領出家裡的全部積蓄，認為即使在經濟困難時期，人也必須吃飯，於是他買了一間餐館，但生意失敗了，讓李伯變得一無所有。他們一家子搬到華盛頓高地（Washington Heights）一間較小的公寓裡。然而，一九三一年，他和希莉雅迎接了另一個男孩賴瑞加入這個家，導致他們微薄的資源變得更稀薄。不久後，李伯一家又搬到某間位於布朗克斯的分租式公寓。由於負擔不起電話，李伯每天早上出門靠兩條腿到處找工作，每天下午再空手而歸。史丹・李會看到他呆坐在廚房的桌子旁，煩惱著家裡下一頓伙食費或下個月的房租在哪裡。

經濟拮据讓史丹・李的父母爭吵不斷。史丹・李得找事情來做，好分散注意力。書是他最喜歡的娛樂來源，收音機也是。每周日晚上八點到九點間，史丹・李和弟弟、父母會聚在客廳裡，收聽《蔡斯與桑伯恩時間》（The Chase and Sanborn Hour）。這個電台節目以當時最紅的明星為賣點，包括埃迪・康托爾[18]（Eddie Cantor）、詹姆斯・杜蘭特[19]（Jimmy Durante）、W・C・菲爾茲[20]（W. C. Fields）、沃爾特・溫切爾[21]（Walter

Winchell）、納爾遜．埃迪[22]（Nelson Eddy）、梅．蕙絲[23]（Mae West），以及史丹．李的最愛：腹語表演者埃德加．卑爾根（Edgar Bergen）。當腹語表演在收音機上播出，自然會失去它大半的魔力，因為在廣播中沒人能看到卑爾根是否有動嘴唇說話，但這位娛樂大師讓他那個叫做查理．麥卡錫的木偶展現出敏銳而無禮的機智，彌補了廣播媒體的缺點。木偶查理特別喜歡與菲爾茲鬥嘴，嘲笑他是一無是處的酒鬼：

菲爾茲：告訴我，查理，你的父親是不是真的是一張摺疊桌？

查理：如果是，那你父親就在那張桌子下。[2]

18 美國歌手、喜劇演員暨舞者。
19 美國演員、喜劇演員、歌手暨鋼琴家。
20 美國喜劇演員、雜耍演員暨作家。
21 原為雜耍演員，後成為美國報紙專欄作家、廣播新聞評論員。
22 美國男中音歌手暨演員。
23 美國女演員、編劇暨劇作家，曾為一代性感偶像。

總是被語言節奏感動的史丹．李會因為這種玩笑而開懷大笑。他喜歡莎士比亞的節奏，但是木偶的節奏更快，能夠用來當作武器——像剃刀一樣銳利的帶刺語言，連每星期賺五千美元、尖酸刻薄的電影明星菲爾茲都招架不住。史丹．李在埃羅爾．弗林[24]（Errol Flynn）的表演中也享受到類似的樂趣，只要他買得起位於華盛頓高地一七五街那間富麗堂皇的路易斯澤西劇院門票，他都會去觀賞弗林的演出。這個演員以頑皮輕蔑的方式扮演羅賓漢和鐵血船長，讓他看得津津有味，也讓他情不自禁跟著演了起來。

報紙上的漫畫也是史丹．李的嗜好。早在超人開始披上披風、衝去捍衛有需要的人之前，就有許多報社為了搶讀者，爭相刊載各種連環漫畫，主要對象是針對那些經濟較不寬裕、受教育程度較低的讀者。史丹．李最愛的作品有《狄克崔西》（*Dick Tracy*）和他那票復仇心切的殺人狂，還有《搗蛋鬼》（*Katzenjammer Kids*），後者的主角是一對德國裔兄弟，折磨那些不幸得照顧他們的大人就是兩人的生活意義，尤其是代表父親形象的「船長」以及督學。督學是當地學校系統的典型化身，試圖教化這兩個小惡魔。「看看這兩個小鬼！我們的社會何以為懼！」是他掛在嘴邊的戰鬥口號。

這不光是琅琅上口的幽默口號而已。經濟大蕭條對美國經濟造成的損害，可以從令人震驚的數字窺見，例如一九三二年美國失業人數的占比高達百分之二十四。然而，社會是比數字更加複雜的結構，由人際往來關係與情感流動所維繫。當史丹．李成長到足以注意這一點的時候，這個社會似乎準備內爆了。作家卡羅琳．伯德（Caroline Bird）指出：「胡佛[25]（Herbert Clark Hoover）在一九二九年選擇了『蕭條』這個詞，因為比起以往在經濟低迷時期所使用的『恐慌』或『危機』等詞彙，『蕭條』聽起來比較沒那麼令人恐懼」，但後來的發展證明了「蕭條」（Depression）這個字有多麼貼切傳達了資源短缺會如何「長久地殘害人，留下不可抹滅的傷害，因為它真的讓人的心靈和精神沮喪消沉。」[3]雖然物質匱乏對人心的影響可以靠個人的力量去對抗，但大蕭條對精神造成的衝擊卻是集體的經歷。達特茅斯學院（Dartmouth College）的哲學教授威廉．凱利．賴特（William

24 出生於澳洲的電影演員，一九三〇年代後以浪漫而勇敢、行俠仗義的草莽英雄形象聞名好萊塢，代表作為《鐵血船長》（*Captain Blood*）、《俠盜羅賓漢》（*The Adventures of Robin Hood*）。

25 第三十一任美國總統。

Kelley Wright）在大蕭條最黑暗的時刻寫道：「今天，我們正經歷一場宗教大蕭條，嚴重性不亞於伴隨而來的道德與經濟大蕭條。」[4]他的話毫不誇張。一九〇五年，有項調查詢問美國民眾對他們認知的傳統基督教有什麼看法，結果一點也不令人訝異，有七十八％的受訪者對美國的主要信仰持認可態度，但是到一九三〇年，這個數字下降到三十三％。[5]

這種下滑可能反映了當時每下愈況的生活條件。美國這個秉持虔誠傳統的國家覺得他們暫時被上帝遺棄了，但正如神學家雷茵霍爾德．尼布爾（Reinhold Niebuhr）在他的第一本書（一九二七年出版）中指出的，美國大眾對宗教莫衷一是的混亂看法，是受到兩股勢均力敵的力量所驅策。這兩股力量在美國的生活機制中始終存在著：一邊是原教旨主義[26]（fundamentalism），另一邊是現代主義[27]（modernism）。隨著政府機構介入，兩股力量開始鬥爭。在羅斯福新政的援助之下，政府機構提供了以前專門由教堂和猶太會堂提供的財務援助和救濟。宗教團體無法為經濟大蕭條的破壞提供任何形式的撫慰。美國各個角落的信仰團體仍死守傳統，在許多情況下，他們對危機的反應越來越匪夷所思，當中有許多人堅信經濟災難不過是一次神聖的考驗，一旦通過了，將迎來一個空前繁榮的時代。不意外地，連大多數宗教團體的成員都難以接受這樣的神學觀。

史丹・李只在意他們一家子的幸福，沒有發現這些災難性衝突。但是，身為狂熱的流行文化消費者，史丹・李看到這種衝突在到處上演。舉例來說，如果迪克・崔西不是現代主義的先鋒，以最新的法醫技術為他的武器勇往直前，那他要靠什麼才能擊敗那個阻礙美國進步的非理性邪惡力量？假如《搗蛋鬼》裡的孩子不是快樂的原教旨主義者，誰敢掙脫束縛，對抗那一群堅持固守規章制度的愚蠢大人？

連環漫畫以喧鬧的形式，描繪出歷史學家加里・威爾士（Garry Wills）觀察到的現象：這個國家的大腦和內心永遠被往不同的方向拉扯，前者由精英與其具有科學思想的啟蒙價值觀所體現，後者則包含一群渴望復甦、渴望得到救贖的人民。如果有什麼禱告

26 又譯「基本教義派」。原教旨主義者依循該宗教最初的信仰，恪守所信仰宗教的基本原理和教義，不贊同某些現代宗教群體將信仰「世俗化」的作法。

27 科學和理性是現代主義的基礎。現代主義者擁戴邏輯與實驗論證。藝術與文化的現代主義始於十九世紀末期，現代主義藝術家以更為真實的情感和方式，如實表達出個人與群體的真正心聲、想法。

能夠推動國家前進，那麼只有讓這兩個器官合作才辦得到。

當然，最好的辦法是整合大腦與內心，讓兩者一同全心全意為某種更偉大的目標服務，採取全然一致的行動。例如，在美國獨立戰爭期間，信徒在懷疑宗教教條的軍官領導之下團結起來，理念派和內心派合作無間。行動很快就成為史丹．李最關切的重點；他尋求的娛樂，越來越不是那種透過深思熟慮來表達理念的長篇大論，反而更喜歡看那種在動態爆發力中傳達想法的作品。查爾斯．威廉．卡勒斯（Charles William Kahles）的《九死一生的哈利》（*Harrybreadth Harry*）成了他最喜歡的連載漫畫之一。你可以在當中看到英雄哈利——高大健壯又鎮定的金髮小伙子——在向美麗的貝琳達獻殷勤的同時，也忙著制止殘酷的魯道夫的詭計。

《九死一生的哈利》不同於史丹．李所享受的其他作品。它不是寓言，也沒有層次，而是那種我們在早期默片中會看到的混亂情境，劇情充斥著為了逼近的圓鋸而尖叫的絕望女子，還有兩腿被綁在火車軌道上的英雄。例如在某期的連載中，哈利和貝琳達登上一艘遊艇，卑鄙的魯道夫跳到船舵前並劫持了船隻，而哈利光是轉動了舵輪，就將整艘船變成陀螺，製造了一個讓海洋中空的漩渦。把魯道夫綁在桅杆上後，哈利朝貝琳達伸出手臂，抱著她一起盪回岸上。在另一期連載中，讀者可以看到哈利用自己的私人飛機和一箱爛雞蛋再次阻斷了魯道夫的陰謀。跟其他大多數連載漫畫不同的是，《九死一生的哈利》每週呈現的故事都不是一場全新的冒險。卡勒斯是將漫畫系列化的先驅之一，創造連續好幾星期的故事軸，將一篇故事分成好幾次連載，並在每次的連載留下懸念，讓史丹・李有動力跑去報攤看漫畫接下來的劇情走向。對節奏愛好者來說，這種漫畫故事節奏是完美的切分音[28]，一些刺激的變化會規律地打斷這種節拍。這種能量最能觸動他。很快地，史丹・李不論去到哪裡，都試圖複製這種節奏。

事實上，它大多發生在學校裡。史丹・李就讀德維特・柯林頓（DeWitt Clinton）高中。它位於布朗克斯區（the Bronx），校體結構有如城堡一般，俯瞰著面積有二十一英畝的運動場。稍早幾年，另外兩個猶太男孩威爾・艾斯納（Will Eisner）和羅伯特・卡恩（Robert Kahn）也就讀同一所學校，前者創造了漫畫《閃靈俠》（*The Spirit*），是有史以來最受推

28 指作曲家打亂原來規律的節拍與重音，例如將三拍轉為兩拍，或調換強弱拍的位置。

崇、最具影響力的漫畫之一，後者之後改名為鮑勃・凱恩（Bob Kane），孕育了蝙蝠俠。史丹・李和他們一樣，也加入校內文學雜誌《喜鵲》（*Magpie*）的製作，成為裡面的工作學員，但他感興趣的不是寫作、編輯或繪畫，認為樂趣在於促銷作品的銷售端，也就是將雜誌推給讀者。他任命自己為宣傳總監，也因為在不同圈子之間來去自如、大肆宣傳雜誌而出名。他的天賦讓朋友留下深刻的印象，開始稱他為蓋比[29]（Gabby）。一個朋友再多年後回憶道：「大家都知道他將來一定會功成名就。這是毋庸置疑的事。」[6]

當一個銳不可擋的贏家願景，正是史丹・李努力培育的目標。在他的畢業年鑑裡，他充滿熱情地寫到，他的目標是「達到頂峰並停留在那裡！」而在還無法達到頂峰之前，他就必須用其他方式吸引別人的注意，有時簡直傻到極點。例如某一天，他走進《喜鵲》雜誌位於校內塔樓的辦公室，發現在那邊工作的油漆工在午休時間離開了，梯子被留在那裡。史丹・李衝動地爬上去，在天花板上留下一個訊息：「史丹・李是神。」這是年輕的史丹利・李伯第一次公開使用這個讓他名聞天下的名字。他的朋友們對他這個惡作劇留下深刻的印象。

史丹・李不是一直那麼直接或玩世不恭。他一生中不斷重複講述一個他最喜歡的故事，是關於他曾經制霸備受看重的《紐約先驅論壇報》(*New York Herald Tribune*)高中生散文比賽。每星期，這份報紙都會邀請年輕讀者以二百五十字以內的文章，申論他們認為過去七天最重要的新聞，先選出七篇文章，再從當中挑出其中一位作家加冕為贏家，獲獎者可以享有名聲和獎金二十美元，以二〇二〇年的幣值來說，等於超過三百五十美元的獎金。史丹・李十五歲時入圍了，最後贏得第一名。第二星期，他再一次嘗試，也再一次奪冠。第三星期他又如法泡製，那時他已經賺了一筆小錢，讓《先驅報》的一位編輯寫信要求他停止投稿，留給其他孩子一個機會。

這是個甜蜜的軼事，但也可能與事實不符。兩位有意撰寫史丹・李傳記的研究者挖出《先驅報》的檔案，發現史丹利・馬丁・李伯從未贏得一等獎，只有在一九三八年五月二十一日得過第七名，一星期後獲得榮譽獎，此後跟這個獎項再無瓜葛。[7]

將史丹・李修飾過的回憶看成謊言，或者為史丹・李找理由，說這是一個焦慮的青

29 源自希伯來語，在二十世紀早期十分受歡迎，有「上帝」、「力量」之意。

少年因為沒安全感而虛構出的軼事，都搞錯了重點。史丹·李沒有錯，這件軼事值得一再重提，因為它就像他後來為他筆下那些英雄打造的原創故事一般，顯示他——一個尋常的孩子——發覺了自己的超能力。我們很難定義他這個力量到底是什麼，它既不全然是故事創作，也不是自我推銷，而是能夠踏入知名電影人韋納·荷索（Werner Herzog）所謂「令人狂喜著迷的真實」[30]境界之天賦。這種「真實」（truth）只會在藝術和人生的表面之下低聲嗡嗡作響；若你只知聆聽「事實」（fact）的砰然響聲，就會經常錯失它。[8]

正如史丹·李在幾十年後將會學到的，對於神話的創造者來說，你找不到比「令人狂喜著迷的真實」更好的職務描述了，他們的任務不僅是創造多彩的新世界，還要深入我們原來的世界，在慣性和傳統智慧形成的岩層下探索，找到新的意義。

然而，當時只是青少年的史丹·李還沒能想到這些見解，只顧著用課餘時間打零工賺一些外快。在褲子製造商那裡打工跑腿已經讓他精疲力盡，而且幹了幾星期後，就被叫到老闆辦公室當場開除，讓他頓時感覺眼前一黑。他也當過百老匯利沃里劇院（Rivoli Theatre）的接待員。雖然他熱愛這份工作，但也很快就丟了這份工作。他還做過外送三明治到辦公大樓的工作，或是為還在人世的名人預寫好訃聞，等名人逝世時再由新聞通訊社發表刊登。考慮未來要從事什麼工作時，他希望能夠成為那種在法庭上發表氣勢磅礴演說的律師，但他需要上法學院才能取得律師所需的能力，而史丹．李沒有時間也沒有錢。十七歲、無業的史丹．李，最後找上舅舅羅比．所羅門（Robbie Solomon）商量出路。

羅比當時正在一家叫做「及時出版」的公司工作，那是一位親戚馬丁．古德曼擁有的雜誌出版公司。所羅門告訴外甥「及時」之後會有個職缺，正好需要喜歡寫作的年輕人。公司為史丹．李安排了面試，他便穿著他最好的服裝來到曼哈頓中城雄偉的麥格勞－希爾大廈。這棟碧綠色的布雜藝術（Beaux Arts）風格摩天大樓讓他覺得緊張；多年後，史丹．李在一部未出版的回憶錄中寫道，這座建築「看起來像完全用玻璃打造而成」。[9]他搭電梯到「及時」出版社的辦公室，向祕書通報他的名字，等候舅舅來接他。羅比出現後，帶著外甥入內。這是史丹．李第一次得見馬丁．古德曼白手起家打造的天地。

30 荷索主張，紀錄片應以想像力和個人風格、運用虛構的手法來拍攝，而非單純記錄客觀事實，才能帶給觀眾詩意的感受、「令人狂喜著迷的真實」（the ecstatic truth）。

古德曼家裡有十三個兄弟姊妹，他排行第九，一九〇八年出生於布魯克林一個從俄羅斯移民到美國的貧困猶太家庭。他的父親是名建築工人，從屋頂掉下來摔斷了背，使他無法工作，導致全家永遠付不出房租，從一間簡陋的公寓躲到另一間。古德曼五年級時被迫輟學，從事低下的工作以幫助家庭生計。他每換一份工作，就對那份新工作深痛惡絕，最後跳上了貨櫃火車，加入流浪工人的行列，並將途中所想所思全寫在日記裡。

當他終於又回到紐約，他在雜誌業找到工作，但那家公司很快就關門大吉。走到這一步，古德曼覺得自己沒什麼好失去的了，說服了一個合夥人創辦他們自己的出版公司。

古德曼不是那種挑剔的讀者，曾在一次電台專訪中表示：「粉絲對品質不感興趣。」[10]他出版低檔作品，從《獨行俠》（*Lone Ranger*）的模仿作，到流行偵探故事的露骨改寫本都有，每本賣五十美分。他擁有的並非藝術品味，而是個人品味：他戴金邊眼鏡，穿著優雅的粉紅色襯衫、打著蝴蝶領結，獨特的裝扮因他早生的白髮而更加醒目。隨著他的帝國擴展，並且推出包括《西部雙槍》（*Two Gun Western*）、《性健康》（*Sex Health*）這種熱銷出版品，他想確保自家的親戚都能找到工作，因此僱用了幾個兄弟，而且要他們全都稱呼他「古德曼先生」。他複製其他人成功模式的速度很快，就像他腰斬自己覺得不會賣座的書一樣快速，而且他永遠記得要讓自己放輕鬆。每天用完午餐後，他都會回到辦公室，躺在躺椅上，盯著牆上那一面「別忘了放鬆！」標語，然後小憩一會兒。那些以每頁幾美元報酬為他工作的作家和藝術家，可無法享有這種特權。

史丹・李在舅舅羅比的帶領進入辦公室。這間十八乘十英尺大小的房間裡擠著三個人，卻沒有人起身招呼這名友善的少年。房裡的三人各具不同特色，製造出一種宛如默劇裡那種三人幫的滑稽效果，讓史丹・李印象超級深刻：喬・西蒙（Joe Simon）又高又瘦，說話的聲音充滿自信。第二位是他的好朋友傑克・科比，矮小易怒。第三位則是席德・索爾斯（Syd Shores），是某所藝術學校的畢業生，之前有將近十年在做威士忌蒸餾，養成沉默寡言的習性。羅比指著史丹・李，向眾人聲明：「這是我的外甥，你們能找到適合他幹的事嗎？」[11]

這三個人都很習慣古德曼開明的裙帶政策，甚至不必假裝面試史丹・李，就當場聘用他了，於是史丹・李以每星期八美元的價格被僱為「及時漫畫」的新助理人員。

這票人是古德曼公司旗下新部門的工作人員，西蒙、科比和索爾斯是第一批也是僅有的員工。即使是在這家出版粗俗書刊的公司裡，漫畫也被視為最低階出版品。漫畫的創作者有時會開玩笑地說，同輩人把他們看得比色情作家還低一階。不過，古德曼是透過仔細觀察市場起家致富的，而市場告訴他：漫畫正在成為龐大的產業。

對於知道這個產業是如何崛起的人來說，這樣的發展委實出人意料。幾十年來，連載漫畫一直只在報紙上發表，將這些漫畫集結成冊的意義，大概近似重新印刷該月的體育新聞或去年的天氣報告。但是在一九三三年，東部彩色印刷公司（Eastern Colouring Printing）的推銷員，想到可以在新聞用紙上印八頁已經發表過的舊連載漫畫，當成促銷品發送給讀者。這名推銷員叫麥斯威爾．查爾斯．蓋恩斯（Maxwell Charles Gaines），身體狀況讓他注定擁有源源不絕的創新點子：四歲時，他從二樓的窗口摔下樓，腿掛在柵欄上，對他的身體造成永久性傷害。他經常感到疼痛，沒有耐性，脾氣暴躁，當過老師、校長、男性服飾經銷商，也在一間工廠裡做過裝配線嵌齒輪的工作，但他覺得這些職位都無法讓他一展長才。他喜歡快速致富的計畫——比如試圖推銷標有「我們要啤酒」字樣的反禁酒領帶——但全都失敗了。

他的本名是馬克斯・金茲伯格（Max Ginzberg），後來才改為更溫文爾雅的查爾斯・蓋恩斯，最後以此名號聞名於世。他找到門路到印刷廠工作，靠抽佣金賺取收入，也很快就注意到：東部公司是按三班制印製受到委託的印件，但是從深夜開始的第三班效率比另外兩班低。這意味印刷機經常處於閒置狀態。蓋恩斯急忙去找經理哈利・維爾登伯格（Harry Wildernberg），建議他們可以利用印刷機的空檔時間，印製寶鹼公司這一類大客戶的促銷贈品，而內容豐富、受歡迎的連環漫畫明顯是個好選擇。蓋恩斯挑了一些漫畫作品，排成兩頁並排的版面，印刷在廉價小報的紙頁上，對折後直接用騎馬釘裝訂成冊。

蓋恩斯的嘗試大獲成功，於是在當年稍晚又推出新作，贊助商陣容包括惠特納穀片公司、加拿大薑汁汽水、菲利浦牙膏等幾家公司[12]，但他想知道讀者是否願意為他重新印刷上市的連載漫畫掏錢。隔年二月，他決定進行另一項測試：出版另一本漫畫，並以每本十美分的價格出售。他把這本漫畫命名為《趣味漫畫名集》（*Famous Funnies*）。

東部公司非常緊張，拒絕將這本漫畫雜誌配送到書報亭販售，轉而選擇在百貨公司銷售，希望降低自取其辱的風險，結果是首印的三萬五千本幾乎立即一掃而空。隨後，東部公司推出第二期漫畫雜誌，而且大規模鋪貨，結果賠了錢。但出到第七本時，《趣味漫畫名集》讓公司大賺了一筆，而且整個系列一直持續獲利，也越來越受歡迎。[13]仿效者緊隨其後。到了一九四一年，共有三十家漫畫出版公司每月推出超過一百五十多本漫畫雜誌，總銷量超過一千五百萬份，六千萬名美國讀者看過。[14]

但是，並非所有新興出版社都負擔得起像《穆特與傑夫》(*Mutt and Jeff*)或《九死一生的哈利》這種受歡迎漫畫需要支付的版稅，因此有許多公司轉而僱用年輕藝術家來為原創故事寫作和作畫。

也許「藝術家」不是正確的稱呼。「這個職務包羅萬象。」喬・庫伯特(Joe Kubert)是最早進入漫畫界、也是最成功的漫畫家之一。他回憶道：「沒人知道他們在做什麼。如果你想製作漫畫，而且有一點天賦，甚至你沒有任何天賦，噢該死，也有工作可以分配給你。你可能滿腹才華，但風格跟人家不一樣，別具一格、與眾不同，通俗雜誌藝術總監不喜歡的那種。你可以是天才，也可以是無名小卒，是像我這樣來自布魯克林的小孩，或是個瘋子。這一行的大門對所有人敞開。」[15]

但是，穿過漫畫界大門的主要是年輕的猶太人，絕大部分原因是他們發現其他職業的大門多半上了鎖。漫畫家艾爾・傑菲（Al Jaffee）回憶道：「我們沒辦法進入報業或廣告界。」傑菲後來在《瘋狂》（*MAD*）雜誌中闖出一片天。他表示：「廣告公司不用猶太人。我們猶太人選擇漫畫業的原因之一是，大多數漫畫出版商都是猶太人，所以這行不會有歧視的情況。」[16]此外，就如同電影界，漫畫界的猶太人（當中有許多是第一代美國人）透過創作的機會，將自己編織進民族敘事裡，訴說那些既明顯屬於猶太人、又屬於美國人的故事，並透過某種神祕有如煉金術般的神奇魔術，將兩種文化融合在一起。

毫不意外地，這些猶太創作者講述的故事，大多取材自他們自身的不安全感。當中有一些焦慮感是猶太人共通的集體感受：在這個國家，身為少數族裔的猶太人是在心驚膽跳中度日，因為每星期有成千上萬的人收聽庫格林神父（Father Coughlin）發表反猶言論，或是在亨利・福特（Henry Ford）的反猶主義小冊子《國際猶太人》（*The International Jew*）裡尋找啟發。此外，還有一些不安全感，源自這些猶太創作者個人的黑暗經驗。

一九三二年夏天在克利夫蘭，一個名叫傑里・西格爾（Jerry Siegel）的小男孩正待在他位於金伯利大道上的家裡。這條綠樹成蔭的安靜街道上住著許多有能力向上層階級流動的猶太人，街上到處是能滿足這些居民需求的美食店，從「所羅門熟食店」到「斯佩克特冰淇淋」都有。突然間，有人上門通知一個不幸的消息：西格爾父親米謝爾的服裝店正要打烊時，一個搶劫犯持槍走進店裡。幾分鐘後，隔壁一個店主注意到服裝店門大開著，走進去確認情況，發現米謝爾正躺在血泊中，胸口有兩個彈孔。西格爾的母親大受打擊，從此以後緊盯自己兒子的行蹤，讓西格爾只能在漫畫中尋找慰藉，後來跟高中時代的朋友喬・舒斯特（Joe Shuster）開始一起創作他們自己的英雄。這個英雄強大得足以抵禦任何危險，也勇敢地向需要幫助的人伸出援手，他們稱他為「超人」。在他們最初畫出的《超人》漫畫草稿裡，超人透過制止一起武裝搶劫案，證明了他的威力。

舒斯特和西格爾努力想把他們筆下的英雄賣給出版商，但沒人願意買。威爾・艾斯納（Will Eisner）——現在經營他自己的漫畫供稿（syndication）公司[31]，而且生意興隆——當時告訴這兩個男孩，他們這位身著披風的英雄不太可能有辦法娛樂他的讀者。「我告訴他們，他們還沒準備好面對黃金時代。」幾十年後，威爾在某次採訪中回憶道。「我的編輯專業判斷完全看走眼！」[17]但這兩個克利夫蘭男孩沒有放棄，繼續發送超人漫畫樣張。幾年後，他們筆下的超級英雄終於吸引蓋恩斯的注意。

蓋恩斯的壞脾氣肯定掩蓋了他的遠見和成功。他後來被東部彩色印刷公司開除，又回去過著庸庸碌碌的生活。有位十幾歲的漫畫家謝爾登．邁耶（Sheldon Mayer）告訴他，他看到一部在到處流傳的連載漫畫，主角是個有紀律、打不倒的英雄。蓋恩斯要西格爾和舒斯特整理他們的一些草稿，交給他的朋友哈里．多恩費爾德（Harry Donenfeld）和傑克．利博維茲（Jack Liebowitz）過目，後者剛接管一家叫做《國家期刊》32（National Periodicals）的出版公司。他們信任蓋恩斯的直覺，向兩位年輕的創作者預付了一百三十美元，以取得未來出版所有《超人》作品的權利。

31 負責將同一漫畫內容分售給報紙、雜誌等不同媒體的公司。例如《加菲貓》（*Garfield*）在美國幾乎無人不知，保持著同時在最多報紙上連載的金氏世界紀錄。

32 DC漫畫公司的前身。

這位新英雄在一九三八年一本名為《動作漫畫》(*Action Comics*)的新雜誌中初次亮相。到了《超人》第十九期出版時，該雜誌每個月售出五十萬冊，是銷售第二名雜誌的四倍。很快地，公司讓《超人》擁有自己專屬的單行本系列，成為第一位贏得此種殊榮的超級英雄。史丹·李走進「及時漫畫」公司時，《超人》除了漫畫每月銷售售超過一百二十五萬冊之外，還以連載的形式出現在超過三百個城市的報紙上。[18]

當時，這位鋼鐵英雄(The Man of Steel)是一九三九年任何從事漫畫工作的人都想打敗的目標，而史丹·李很快就得知傑克·科比和喬·西蒙有個構想：他們想創造一個新的英雄，也相信他能夠在報攤上和超人好好一決勝負。事實上，這個英雄的第一期漫畫已經送進印刷廠了，封面上有他們的最新英雄「美國隊長」，正揮拳往希特勒的臉揍去。

CHAPTER 3

「作家史丹·李」：初試啼聲

擔任「及時漫畫」公司的年輕小助理，史丹．李其實沒什麼事可做。他會幫西蒙跑腿買食物、幫清空科比的廢紙簍，或帶著漫畫內頁到製作部門四處走動。這些瑣碎的差事，他每天都要做一兩次，但剩下的時間他只是在四處閒逛，對於綽號「蓋比」、性格外向的他來說，這可不是什麼自然的舉動。為了打發時間、振奮精神，史丹．李隨身攜帶一隻小陶笛，三不無時吹它一下，攪亂科比的心思。他很訝異這個新來的小伙子竟然有種這樣一邊吹著快樂的曲調，一邊隨意 走來走去——史丹．李有時甚至還會打開馬丁．古德曼辦公室的門，吹幾個短促尖銳的音符——卻也對史丹．李的鼓舞和熱誠心懷感激。

只要他們要求，不論多低下的任務，這個青少年都不會推諉。相反地，他渴望取悅大家，像是不斷詢問科比他的墨水瓶是否需要補充。科比和西蒙認為，史丹．李的態度十分討人喜歡，不討人厭。

當史丹．李沒在忙著巴結人，就是在努力理解這個他剛進入的產業。這不是件輕鬆的事。他從來都不是狂熱的漫畫讀者，沒有像某些跟他同時代的人一樣，沉迷於它錯綜複雜的世界與創作者的技藝。他很快便了解到，「及時漫畫」本身就是一家複雜的企業，其運作方式毫無疑問反應了公司負責人的猶太民族性。

史丹．李意識到漫畫正在成為一個大型產業。他得知古德曼與抽著煙斗的前上校洛依德．雅克（Lloyd Jacque）簽訂了合約，後者經營的公司叫做「裝幀設計」（Funnies Inc.）。這份合約上寫明由「裝幀設計」進行創作，之後交給「及時漫畫」出售。雅克將工作外包給了兩個在曼哈頓一家酒吧裡作畫的二十一歲年輕人。他們創造了兩個角色，很快就大受歡迎，那就是「初代霹靂火」[33]（Human Torch）和「海底人」（Sub-Mariner）。

「初代霹靂火」是瘋狂科學家在實驗室創造出來的人造人，而且火爆得不惜讓全世界都著火。「海底人」是納摩王子（Prince Namor）的另一個身份，他是被核試爆摧毀的神奇水下王國的繼承人。納摩也很想報仇，但他和那位火爆的朋友不太一樣。每當他看到地面上的漂亮小姐，他的怒火經常就立即平息下來。

史丹．李透過閱讀這些「裝幀設計」提供的作品，注意到幾件對他胃口的事。首先，

33　「初代霹靂火」與《驚奇四超人》中的霹靂火（Human Torch）同名，故冠以「初代」以區分兩者。在故事裡，他是科學家菲尼斯．霍頓（Phineas T. Horton）創造出來的，一遇到氧氣就會全身著火。

雅克僱用的藝術家卡爾・伯戈斯（Carl Burgos）和比爾・埃弗雷（Bill Everett）並未費心為自己的英雄打造一座虛構的城市讓他們捍衛或摧毀。當你可以讓你的角色踏出非法經營的酒吧、走進充滿榮光的紐約市，又何必把他的行動場景設定在大都會[34]（Metropolis）？於是，從喬治華盛頓大橋到荷蘭隧道，海底人毫不客氣地摧毀了曼哈頓這些最好的地標。伯戈斯和埃弗雷為了讓故事更寫實，還讓他們創作的角色出現在彼此的書裡，使讀者感覺這些角色居住在同一個廣闊的世界中。

但是史丹・李沒有跟這兩位有創新精神的創作者合作，因為古德曼不願再繼續依賴雅克下去。古德曼寧願不跟任何不直接受僱於他、聽他指揮的人做生意——他發現漫畫產業中沒人會特別效忠任何出版商——因此他決定，如果他要在漫畫業嶄露頭角，就要確保自己出版的所有漫畫書籍都是公司自製的作品。於是他僱用了西蒙和科比，後者又僱用了席德・索爾斯。他們希望靠美國隊長一炮而紅。

讀者很快就會發現，美國隊長和他的創作者西蒙、科比一樣，也無法擺脫納粹的糾纏。這位下巴方正的英雄，本名是史蒂夫・羅傑斯（Steve Rogers），是個骨瘦如柴、迫切渴望證明自己是美國英雄的年輕人。他來自下東城，和科比本人一樣，而科比的本名是雅各布·庫茲伯格（Jacob Kurtzberg），為了讓名字聽起來更像詹米·卡尼[35]（Jimmy Cagney）而改名。羅傑斯因為太瘦、體型不合格，被徵兵處拒於門外。他自願加入一個最高機密任務，被注射了雷因斯坦博士（Dr. Josef Reinstein）——他的姓氏顯然經過巧妙設計——研發的血清，使他的肌肉馬上鼓起、肩膀變寬，後背也挺直起來。雷因斯坦博士感慨地說：「年輕人，我們應該稱呼你『美國隊長』，因為美國也會和你一樣，獲得力量和意志，以保衛我們的國土！」[1]

如果不是出於藝術家真誠的創作，這段劇情也不會感動人心。科比和西蒙都是貧窮猶太移民的孩子（西蒙的父親來自英國里茲，科比的父母來自奧地利），隨著歐洲情勢日益嚴峻的消息傳來，他們的憂慮感也跟著滋長。兩人在得知有多少美國人擁護孤立主

34 DC出版的漫畫，所有城市都是虛構的，比如「大都會」是超人居住的城市，隔壁就是蝙蝠俠所在的「高潭市」（Gotham City）。

35 正式名字為詹姆斯·卡尼（James Cagney），美國電影演員、舞台劇演員，以硬漢角色形象深植人心。

義後，[36] 都感到十分震驚。

他們並不孤單。一九四〇年五月二十六日，當科比和西蒙正在進行他的最新創作時，羅斯福總統發表的爐邊談話[37]，恰恰講出他們的心聲。羅斯福說：「我們當中有許多人由於不感興趣或缺乏知識，選擇視而不見。他們真心相信千百英里寬的海洋使得美洲如此遺世獨立，覺得北美、中美和南美的人民都可以在豐富的資源中獨力生存，毋須考慮來自世界上其他大陸的威脅。」

羅斯福接著描述美國軍備有多強大。爐邊談話結尾時，他保證美國不會對希特勒的暴行視若無睹，總結說道：「這是我們這一代人的任務，是你的、也是我的。我們捍衛你的先人奠定的基礎，我們為未出生的子孫後代打造美好的生活。我們捍衛並建立一種生活方式，不僅僅是為了美國，而是要守護全世界的人類。我們要克盡高尚的責任，達成崇高的任務。」[2]

科比和西蒙專心地聆聽。幾十年後，西蒙對一位採訪者說：「避戰的人都說得頭頭是道，但我們也有話要說。」[3]

他們讓自己親手創造出的美國隊長穿上紅、白、藍三色的衣服，而且給他取了「美國隊長」這個目標很明顯的名字：他是美國軍事干預的典型化身。為了避免有人仍以為那些頑強的納粹分子只在歐洲活動，科比和西蒙讓第一期漫畫劇情充滿陰謀詭計。羅傑斯的改造一完成，納粹間諜馬上大喊：「去死吧！民主的狗！」並射殺雷因斯坦博士，使得博士殞命，並將可能在未來創造出更多超級英雄的血清砸得粉碎。

美國隊長消滅了惡勢力，但他的生活沒有變得比較輕鬆。納粹間諜和破壞份子到處都是，不僅威脅著遙遠國家的猶太人，還危害到無辜的美國本地人。漫畫內容已經畫得很激烈，但為免有讀者還是遺漏這個訊息，科比和西蒙又附上了一張特製小表單，邀請年輕讀者寄出十美分，成為「美國隊長自由哨兵」（America's Sentinels of Liberty）成員，好幫助美國隊長「跟威脅我們獨立的間諜和敵人作戰」。

36 孤立主義（isolationism）是一種外交政策，指不介入國際間的軍事衝突。
37 美國羅斯福總統的廣播發言形式，以此鼓舞美國人民、拉近與大眾的距離。初次「爐邊談話」的背景，正值美國一九三〇年代的經濟大蕭條時期。

許多孩子響應了這項號召。很多成年人發現，這本新漫畫的語言令人震驚，因為它毫不掩飾地支持那場還沒有達成普遍共識的戰爭。但《美國隊長》一推出便成功了，史丹．李也不再滿足於添加墨水的工作，他希望參與創作，而屬於他的機會馬上就出現了。

由於漫畫書每期的內容必須包含足夠的文字才符合雜誌的規格，獲得費率較低的「第二類郵件」資格，而這意味著有人必須寫個兩頁長度的故事。科比和西蒙都認為這項任務很浪費時間。另一方面，史丹．李則躍躍欲試。製作《美國隊長》第三期的時候，他得到了這個機會。

史丹．李初試啼聲之作的標題是〈美國隊長擊潰復仇的叛徒〉（Captain America Foils the Traitor's Revenge）。這跟史丹．李在全盛時期創作出的耀眼作品相去甚遠，但如果你對這位藝術家年輕時的表現有興趣，這部作品也不會讓你失望。情節從一個中間點展開，我們看到史蒂文斯上校正在厲聲斥責一個名叫海恩斯的士兵。他咆哮道：「這個軍營沒有你這樣的人。你撒謊、欺騙、當間諜，還偷東西！」[4]儘管沒有線索明確告訴我們海恩斯是在為誰服務，但從漫畫的背景推斷，他是潛伏在美國生活各個角落裡的無數納粹份子之一。史蒂夫・羅傑斯就在附近，也聽到脫逃的海恩斯威脅著說要回來報仇。這種狂放的敘事方式很快就成為史丹・李作品的招牌特色。

在漫畫裡，當天晚上，當羅傑斯和他十幾歲的搭檔巴奇（Bucky）在帳篷裡玩鬧，他們聽到海恩斯與兩名納粹黨羽接近，朝上校的帳篷而去。羅傑斯迅速穿上他的美國隊長制服、衝去保衛上校，輕鬆擊敗了小人。第二天早晨，史蒂文斯上校不知道史蒂夫・羅傑斯的祕密身份，還責備他怎麼沒有趕來支援美國隊長。「噢！為什麼我在這支部隊裡看到的不是像美國隊長這樣的士兵，而是你呢！」上校哀嘆時，羅傑斯帶著瞭然於心的微笑，逕自走開。

當時是否有讀者會特別注意對話內容，我們不得而知。漫畫書的讀者大多是孩子，會讓他們喝采歡呼的是美國隊長的拳頭，而不是他用字遣詞的才能，但如果讀者懂得欣賞書中對話，很容易就可以發現史丹・李筆下的美國隊長，跟科比、西蒙原本創作的方下巴強壯男子，有一個地方不一樣。原來的美國隊長缺乏幽默感，他的語言也讓人想到許多早期漫畫明星在故意拼錯字的漫畫家筆下講出的俚語。這個美國隊長會出現在場景中，揮舞他的拳頭，說出類似「所以你是菲勒的走狗！」或「如果你還想享受生命，就給我說清楚！快！」這種話。

相對地，史丹．李的美國隊長更接近真實的人：我們看到他在帳篷裡休息、玩跳棋，跟巴奇用無傷大雅的話互虧對方。他會打趣地說：「你不知道我要一直擊敗你有多累。」接著，幾行對話後，羅傑斯應該換裝、採取行動了，我們看到的不是那種揍人、抓人的空泛動作，而是今天我們認識、喜愛的更有層次角色。

史丹．李基於直覺，從他創造的第一個故事開始，就希望讀者對這個角色的本尊史蒂夫．羅傑斯的關注，可以不遜於他變身後的「美國隊長」。這一點，以當時的漫畫來看，是超越時代的真知灼見。

設想一下史丹．李當時面對的競爭局面。一九四一年，任何為漫畫寫故事的人都在兩大角色——超人和蝙蝠俠——的陰影下掙扎前進，而從各方面來說，這兩個人物都不算我們認知中的人類。

看過超人或蝙蝠俠的冒險之後，人們很快就意識到，這兩個圖騰式人物不過是一堆英勇行為的總和。事實上，這是因為他們僅只是兩種彼此衝突、處於美國精神生活兩極之價值觀的體現。蝙蝠俠是現代主義的擬人化，一個富裕又擁有特權的上層階級人士。他沒有特殊的超能力，只能利用自己無止盡的資源和高人一等的才智。蝙蝠俠的形象，象徵大幅改進的地方政府，而這個角色不用受惱人的責任和透明度束縛。

高譚市警察局長高登(Jim Gordon)看待蝙蝠俠，就如同評論家看待新政期間的羅斯福總統一樣：他對這個權威人物感到不滿，因為翩翩而至的蝙蝠俠不怎麼重視傳統，卻透過自己的意志力改變現實。然而，高登除了跟這位意志堅定的貴族合作以外，也無力採取其他行動。

另一方面，讀者或觀眾可以輕易地將超人解讀為原教旨主義想像的產物。或許他還有個隱約可辨識的希伯來名——凱·艾爾(Kal-El)，意思是「上帝之聲」或「全然的上帝」——又或者他也像摩西一樣，被人在一個小籃子裡發現還是小嬰兒的他，在這片對他來說是異鄉的土地上撫養他長大。但其實，他更像是基督：基督也是從天上降臨的光明人物，憑藉他的恩典來救贖人類。

在每一期漫畫雜誌中，超人都跟腐敗的政客、不正派的商人，以及其他對弱勢作威作福的權貴進行戰鬥。同樣地，在每期雜誌中，超人都為我們的罪過而接住子彈，或擋下火車、汽車，而且在各種情況下，他都會再次站起來，以他神聖大愛的觀點鼓舞我們。我們要做的就只是相信他。因此，當華納兄弟公司於二〇〇六年發行票房不佳的電影《超人再起》（*Superman Returns*）時，大部分宣傳工作都是鎖定福音派社區的觀眾。華納將這部電影的行銷定位為可以流傳久遠的基督教寓言故事，並非偶然。

原教旨主義者和現代主義者，在漫畫裡被精練為這兩種純粹的表現方式，而且，相較於美國公共生活的其他媒介，漫畫也以更誇張的手法展現了這兩種價值觀之間的對峙與張力。像克萊倫斯·丹諾[38]（Clarence Darrow）和威廉·詹寧斯·布萊恩[39]（William Jennings Bryan）這種有著深厚美國血統的大人物據此針鋒相對是一回事，但是，當猶太移民汲取並模仿了一直折磨著美國宗教想像的新教徒式敬畏顫抖[40]，成果卻是宏大又壯闊。

這些猶太藝術家創造的英雄，例如超人和蝙蝠俠，永遠不會跨出他們封閉獨立的理想境界。史丹·李曾多次觀察到這些角色只是一種永動機（perpetual motion machine），只會重複一套簡單的設定：高空俯衝、拯救眾生、功成身退，然後重複以上動作。如果你是個敏銳的讀者——而史丹．李徹頭徹尾是這樣的讀者——那你很快就會發現，這種單一的故事創作不僅乏味（畢竟，當你大概能預測下一冊情節會如何展開，為何還要花時間閱讀？），甚至在道德寓意上也說不過去。超人是不信仰基督教的基督，是天外救星一般的機器神[41]。他存在於人類的理解範疇之外。就我們所知的部分來看，他跟我們凡人之間的關係，不過是純然巧合下的產物而已。

《紅色之子》（*Red Son*），是《超人》相關故事中最精采的改寫版本之一，就是在這一點上做文章。蘇格蘭漫畫創作者馬克．米勒（Mark Millar）小時候就一邊留意冷戰的情勢，

38 美國歷史上最偉大的辯護律師，名言「一個人在未被定罪之前，都是無辜的。」至今依然被奉為司法的圭臬，也以演說家、辯論家、作家身份聞名於世。
39 曾任美國國務卿的律師、民主黨政治家，反對「進化論」的反智立場非常有名。象徵現代進步思想的丹諾曾因一起相關事件——猴子審判（Monkey trial）——而猛烈砲轟布萊恩。
40 對基督徒而言，與偉大的神接觸，會產生敬畏的感覺，甚至會畏懼到引發顫抖的反應。
41 古希臘戲劇中，當主角在結尾陷入難以解決的膠著困境，經常會安排神祇從天而降，以神力幫主角克服難關，讓結局圓滿落幕。扮演神的演員會借助機械之力從上方降臨舞台，故稱「機器神」。

一邊想像：如果超人為共產黨效力，劇情將會如何發展？二〇〇三年，他發表了三期傑作，探討以此前提為基礎的故事：超人的父親喬・艾爾（Jor-El）磨蹭了更久時間之後，終於將兒子送往地球。那艘載著嬰兒的飛船沒有降落在美國堪薩斯州的玉米田裡，而是在烏克蘭一個集體農場的馬鈴薯田中央，地球的「革命」就此上演。超人很快便成為史達林的最愛，他擁護的不是「真理、正義和美國的行事方式」，而是長成「工人階級鬥士，為史達林、社會主義和《華沙公約》的國際勢力擴張，進行永無止境的鬥爭」[5]。

蘇聯的超人很快就遇見了蝙蝠俠。蝙蝠俠在這個故事版本中，父母沒有在黑暗的小巷裡遭暴徒謀殺，而是被蘇聯內務人民委員部殺害。兩個英雄角色彼此交戰，推進了越來越複雜的情節。到最後，超能力者全部滅亡，而雷克斯・路瑟（Lex Luthor）——在此之前一直都是超人的畢生大敵——以世界政府的仁慈領袖身份執政。這個世界政府擺脫了對任何人事物的依賴，不倚靠超人那種不完全算人類的角色幫忙。

這個與原版知名故事極端分歧的版本，除了娛樂性十足，也讓人心為之震顫，因為它重新點燃了我們內心最深層的焦慮，讓人重新關切自己與那至高無上全能者之間的關係，那個我們無法看見、了解的全能者。

美國隊長截然不同。儘管他的基因也許已經發生改變，卻仍然是個徹頭徹尾的人類，一心想解決的也是人類的當務之急。沒有來自外太空氪星石[42]的奇異元素能夠擊倒美國隊長，威脅他的是更屬於地球的危險：納粹主義。在漫畫第二期裡，他飛奔到一座位於黑森林內的集中營，以拯救某位被德國人綁架的美國金融家，也說出了他令人印象深刻的台詞金句：「垃圾希特勒！」或是「給我從洞裡滾出來，俗辣粹！」[6]

《美國隊長》這些創作者所信仰的猶太教，對於美國隊長的取向到底造成多大的影響？經常有人用這樣的問題，詢問史丹．李關於他筆下多位超級英雄與猶太教的關聯，他總是含糊以對。「我不知道。我從沒真正想過這個問題。」接受電台採訪時，他曾經這麼說。「你提起最知名的角色都是由猶太裔創作的，我還是頭一次聽到這種說法。這個想法真的很奇特。」[7]他們的劇情呈現了顯而易見的觀點：美國第一代猶太移民因為仍然

42 來自超人故鄉「氪星」的石頭，會對氪星人產生不良影響。由於超人也是氪星人之一，此種石頭可用來傷害超人、削弱超人的力量。

有親戚留在歐洲，因此對希特勒的崛起感到憤怒不安，但除此之外，當你探究美國隊長這個角色，一種非常明顯的猶太民族性浮上檯面，而這在之前的漫畫作品中鮮少著墨。

蝙蝠俠的分身布魯斯．韋恩[43]（Bruce Wayne）是個迷人的億萬富翁，美國隊長史蒂夫．羅傑斯也和他不一樣。事實上，羅傑斯在這個系列初期現身的時候，通常都在忙著處理某個低賤的差事，而且主管經常以降低他的職等為手段來威脅他。

此外，不同於布魯斯．韋恩，史蒂夫．羅傑斯的動機不是為了他自己。他過去沒有遭受任何創傷，除了渴望為國家盡一份責任之外，沒有任何其他原因促使他成為美國隊長，因此他與軍隊的關係比蝙蝠俠與警察的關係更為友好。除了為更遠大的目標而奉獻之外，美國隊長難以想像出自己還能在世界上擔任什麼其他角色。他這種以公共利益為導向的世界觀，與蝙蝠俠的唯我論[44]（Solipsism）截然不同。

如果要粗淺來看，美國隊長最大的願望就是化身為美國男性氣概的象徵，諷刺的是，他唯有隱藏自己是具備特殊能力者的真實身份，才能實現此一目標。不過，跟蝙蝠俠、超人不一樣的是，美國隊長並不孤單，因為驅使美國隊長展開行動的並非基督新教的理想，而是截然不同的神學概念：深刻的猶太教思想。

在論及彌賽亞[45]——最終的救贖者，終極的超級英雄——到來時，可能會出現什麼景象，睿智的猶太教拉比在《塔木德》（*Talmud*）[46]裡描述了一個美國隊長可能也會認同的願景：「彌賽亞時代與我們所在的這個世界之間唯一的區別是，流亡的猶太人屈從於其他王國，而猶太人將從中得到解放；但在其他方面，世界將保持原樣，一如《聖經》所描寫的：『原來那地上的窮人永不斷絕』（〈申命記〉十五章十一節）。社會將不會改變，戰爭仍將持續發動下去。」[8]

在這種激進的願景中，似乎沒有一位救世主能終結歷史，不論這位救世主是否身上

---

43 蝙蝠俠的真實身份，設定為企業家、慈善家暨億萬富翁，披上蝙蝠戰衣後，便化身為超級英雄蝙蝠俠，為DC公司創造的超級英雄。

44 主張自我意識是世界上唯一的存在，外界的人事物都只是自我意識投射的內容。

45 猶太教、基督教、伊斯蘭教都相信彌賽亞的存在。猶太教的信仰認為，彌賽亞是上帝派來的救世主，能拯救漂泊在外的猶太人，引領他們返回耶路撒冷，而他們將歸順在這位彌賽亞的王國之下。

46 拉比（rabbi）是猶太律法中有資格、有學問的學者。《塔木德》是猶太教經典文獻，記載猶太教的法律條例和傳統文化，並包含《聖經》註釋。《塔木德》由許多拉比撰寫而成，收錄諸多拉比的言論與對話。

穿著披風。相對地，《塔木德》只承諾讓我們從屈服的狀態中解脫——也就是說，保證我們將獲得更多的自由——然後提醒我們應該利用這種自由來解決人類處境中那些永恆的難題。

知名政治理論家邁克爾・沃爾澤（Michael Walzer）的一番解釋，幫我們總結了這個概念：上帝不會「在人們準備好接受彌賽亞之前，就先派彌賽亞過來。但是當人們準備好的時候，也許會有人說，他們不需要救世主了。」[9]換言之，猶太教的末世論[47]並非等待神聖的生物從天上降臨或從氪星上降落，來修復殘破、混亂的一切。它在提醒我們，如果我們在地球上努力奮鬥、相互扶持，很快就能夠獲得自由，而這才是我們可以期盼的最完滿願景。

美國隊長擁有無比強壯的雙臂，但他幫助周圍所有人的決心更為強大。以猶太教的彌賽亞觀點來看，美國隊長的確是不算太壞的典範。

當時，為美國隊長寫短文，對於像史丹・李這樣的人來說是一項最理想的任務。他一直在追尋一種故事，這種故事能夠揭示關於人類生存的更深層次、無法用一般言語表達的真相。

現在，他可以像探討他自己史丹・李一樣，自由地探討史蒂夫・羅傑斯，為這個角色精心建構一種既真實可信又令人興奮的故事。他要說的，不是那種顯而易見的事，而是要挖掘所有的可能。對他來說，就算沒人讀他那些文字，也一點都不重要。日後，他對一位採訪者這麼說：「它讓我感覺我在做一件大事。」他的熱情很快就讓他的幾個上司留下深刻的印象。他們忙得不可開交，讓這個在辦公室裡閒晃的孩子接手這種瑣碎的差事，只會讓他們額手稱慶。[10]

幾個月後，也就是一九四一年八月，史丹・李開始為《美國隊長》創作故事，在第五期中以漫畫形式初試啼聲，故事名為〈外國特派員：頭條獵人〉（Headline Hunter, Foreign Correspondent）。他將這個故事寫得好看又活潑，但一直要到該月下旬，史丹・李才有正式的重大突破：他將為「及時」準備推出的新雜誌《美國漫畫》（*U.S.A. Comics*）進行創作，當中會出現第一位由他原創的超級英雄。他的名字叫做「傑克凍人」（Jack Frost）。

---

47 指猶太教對於末世的觀點，與彌賽亞、來世、復活等思想息息相關。主要探討人類歷史的終結。

我們不難猜測史丹・李是從哪裡找到靈感。在初代霹靂火和海底人已經分別代表火與水的情況下，史丹・李尋思作品要素時，肯定在無意中發現冰也可以當作素材，而「傑克凍人」[48]這個名字聽起來也很簡單親切。

在史丹・李的故事裡，傑克凍人是個神祕而強大的人物。他既是人，也是冰柱，居住在北極。史丹・李全力展現了不久後將成為其招牌特色的手法，以令人喘不過氣的開場白介紹他的新英雄：「在遠北地區！緊張刺激！神祕莫測！山雨欲來！沒有人真正知曉這片土地……被永恆、致命的寂靜所包圍，這片廣袤冰冷的荒原上，住著一位我們都聽過卻鮮少人見過的人物——『冰寒之王』傑克凍人！」[11]

這種語言正投讀者所好：詞藻豐富，以風格化的文字雕琢卻又容易理解，令人興奮又仍清楚簡要。這是史丹・李的開場方式。當我們看到凍人懶洋洋地行走在冰棚上，垂死的探險家福布斯博士也隨即出現，懇求這位冷淡的英雄前往紐約，將他的女兒從危險、殘忍的邁克・塞爾比（Mike Zelby）手中拯救出來。凍人在正義感的驅使下照做了，卻在大蘋果之都紐約受到不友善的對待。他向警察報案，現場的警員卻嘲笑了他一番，被激怒的凍人馬上掀起飛襲的冰柱和冷鋒漩渦。他決定親自營救福布斯博士的女兒，也展現了更多冰封凍結的力量。在凍人和帶著福布斯的女兒逃亡之際，憤怒而瘋狂的塞爾比放火燒了房間，但英雄凍人將沿途凍結成通往安全之路。

福布斯的女兒懇求凍人回頭從燃燒的建築物中救出塞爾比。她說：「你可以救塞爾比，你必須這麼做！只有法律才有權制裁他！」凍人考慮了一下，最終仍拒絕了，說塞爾比必須為自己的罪行付出代價。陷入道德困境的福布斯小姐說：「如果你在有能力時拒絕救人，那你也跟殺人犯沒有兩樣。」

這番言論令人想起《塔木德》的信條：拯救一個靈魂，就等於拯救全世界。警察也認同這番論調。趕到現場的警察只能眼睜睜看見塞爾比被活活燒死，於是指責凍人謀殺了這個壞蛋，當場逮捕了凍人。凍人既受傷又氣憤，瞬間當場消失無蹤，留待讀者猜測他是否會回來。更重要的是，他是否會繼續當英雄？還是會陷入怨恨之中，變成壞人？

只消讀前六頁，這個故事便已帶出史丹・李講故事時依循的兩大情理支柱。首先是

48 凍人的原文「Frost」意為冰霜。

英雄要有趣，他必須置身兩個衝突理念之間的灰色地帶，掙扎著決定何謂正確的選擇，而當他這麼做的時候，他必須犧牲自己無瑕的良善。其次是，他堅持推動故事前進的引擎是道德，不是情節。

幾年後，史丹．李的最知名創作《蜘蛛人》也將面臨與傑克凍人類似的難題：蜘蛛人沒有出手阻止某個盜賊，因為他認為這是警察的工作，但這名竊賊之後殺害了他心愛的叔叔。蜘蛛人因此備受傷害、滿懷愧疚，促使他走上打擊犯罪的道路，卻始終為這段道德失誤的恐怖回憶所糾纏。以一個十九歲的新手來說，史丹．李筆下的傑克凍人在初次亮相中所遭逢的議題，包含著驚人的洞察力，而且充滿潛力。

科比和西蒙一定都認同史丹．李的見解，因為史丹．李之後得到完全的創作自由，得以提出另一個英雄的構想，名叫「毀滅者」（Destroyer）。這個記者被注射了強大的血清，對那些四散各處的納粹分子造成巨大的威脅。他和美國隊長十分相像，但很少有人在意這一點，因為漫畫書的數量呈指數型增長，讀者想看到更多漫畫以更快的速度出版。到了一九四一年，漫畫書的銷售每月達到七百萬至一千萬冊，每年創下的收益高達八百萬至一千二百萬美元。相較之下，傳統兒童讀物在同一年只創造了兩百萬美元收益。[12]

但漫畫業的迅速增長，並未能轉化為穩定的品質，漫畫出版公司也越來越忙於挖角對手公司的鬼才。不多久，李開始注意到科比和西蒙花更長的時間午休，而且似乎比平時更常擠在一起竊竊私語。某天，當兩人再次趕著離開辦公室，史丹・李攔住了他們：「你們一定在做自己的事！」[13]

科比和西蒙很不情願地告訴史丹・李他們的祕密。兩人表示，他們創造了漫畫史上最成功的幾個角色，卻只得到不怎麼豐厚的報酬，而且沒有自己任何作品的所有權。他們對這一點不太滿意，所以已經以在商言商的角度，跟古德曼談判達成一項協議。公司同意付版稅給他們。除此之外，他們也私下偷接「及時」競爭對手的案子，賺取一些額外的現金。但是在幾個月前，古德曼的一個助理向他們透露，在老闆的授意下，公司現在所有的經常性開銷幾乎都是由《美國隊長》的收益來支出。

這個消息激怒了這兩位藝術家，讓他們決定跳槽，打電話聯絡在今天名為「DC漫畫」任職的傑克．利博維茲。DC在當時是業界的領頭羊，也是超人和蝙蝠俠的老家。利博維茨大喜過望，答應給他們每人每星期五百美元的預付金，並指示他們趕快構想新點子。兩人於是租了一個便宜的旅館房間，離「及時漫畫」的辦公室不遠，在那裡研究如何創造要交給DC的新英雄。

史丹．李要求加入兩人的腦力激盪祕密會議。儘管他們抱怨這個孩子「妨礙了他們」，但科比和西蒙最終還是同意了。[14]幾天後，科比和西蒙被召去跟古德曼的兄弟們開會。

艾貝．古德曼（Abe Goodman）嘶吼說：「你們這些傢伙正在為DC工作！你們對我們公司不誠實，沒有對我們效忠！你們應該為自己感到羞恥！」艾貝接著命令，等他們完成最新一期的《美國隊長》就打包走人，永遠離開「及時」。西蒙指出，在這場特別會議上，「完全不見史丹．李的蹤影」。[15]

在史丹．李之後的生涯中，經常有人向史丹．李問及這件事。這時候，史丹．李都會提出一個非常不同的說法，發誓他不僅沒有出賣科比和西蒙，甚至他們也沒有遭到解僱。他說，他們就只是莫名其妙突然離開了。「真相是，我永遠不知道他們為什麼離開。」[16]但科比仍然堅信史丹·李是罪魁禍首。西蒙回憶說：「幾十年來，科比一直這麼認定，而且在他的餘生中，直到他去世那一天為止，都一直怨恨著史丹·李。」[17]科比本人也提過對史丹·李的不滿。他們被解僱後不久，他對西蒙說：「下次讓我看到那個狗娘養的，我會把他宰了！」[18]

在這種少了明星藝術家、公司業務又蒸蒸日上的情況下，馬丁·古德曼遇到一個問題：他需要一位對漫畫業有足夠了解的編輯——而且是馬上就要。他環顧整間辦公室，史丹·李是他唯一看到的人。這個笑臉迎人的少年，手上拿著陶笛，同時也是個正在嶄露頭角的創作者，擁有勝利者該具備的心態。

古德曼跟隨自己的直覺，任命史丹·李為「及時漫畫」的編輯。史丹·李先前曾經編造自己火速晉升的精采故事跟他的朋友吹噓，但這次他是真的升遷了！如今，他得到的是，老闆拍拍他的背、小幅度的加薪，以及一間等著他運作的公司。

CHAPTER 4

黑暗期：道德審查 vs. 創作自由

史丹・李很快就發現，經營「及時漫畫」的最好方法就是表現得好像傑克・科比和喬・西蒙從未離開一樣。史丹・李沒有凸顯自己或主張新的藝術路線，而是努力維持住他繼承自前輩那裡的每一部久經考驗的漫畫作品水準，讓製作保有一貫的節奏，就像《美國隊長》的共同創作者仍在指揮一切時一樣牢靠。不過，科比和西蒙都是資深的漫畫從業人員，從小就開始寫漫畫腳本、畫漫畫，儘管史丹・李學東西很快，他還是有很多地方需要迎頭趕上。

為了在此期間站穩腳，史丹・李聘用了自由工作者軍團，首先是海底人和霹靂火的創作者伯戈斯和埃弗雷；他們在不到兩年之前，才被古德曼即刻解僱。不過，儘管史丹・李有了幫手，但自由工作者能做的事也就那麼多。一家出版社至少需要一位總編輯、一位藝術總監和一位首席編劇，這三項職責如今全落在史丹・李身上。

史丹・李為了善盡職責，每天的工作時間越來越長。根據他從之前負責高中刊物行銷工作的經驗，他很希望讓「及時漫畫」看起來像一間更龐大、更有影響力的公司——這一點，只要他取許多筆名，就能輕鬆達成，於是有些故事是掛名史丹・李，有些是史丹・馬丁（Stan Martin），有些則是尼爾・納茨（Neel Nats）。

三名年輕助理協助他掌握這些不同筆名負責的作品進度，但根據在那些日子跟他合作過的藝術家所言，史丹・李似乎不太需要任何實質的幫助。任何人走在「及時漫畫」走廊上，都可以聽到史丹・李在跟不同藝術家講電話，而且在通話過程中熱情滿滿、活力十足地將他編出的劇情從頭到尾說了一遍。這些故事從來不是什麼開創性作品，卻不遜於其他任何出版商的任何作品，而且，一個沒什麼經驗的少年可以用如此滔滔不絕的口才、以這麼驚人的速度編出這些故事，讓他所有的同事和員工都覺得非常神奇。

史丹・李也意識到自己這個「奇蹟男孩」的地位，所以盡可能地扮演好這個角色。有時，他會戴著一頂上頭有螺旋槳的四色毛線帽來辦公室，彷彿他只是個頑皮的小學生、不知用什麼方法贏得了成年人的信任一般。他經常會請同事坐下來後先聽一段他的陶笛獨奏，然後才開始談正事。他總是會站起來表演劇情，為每個角色裝出不同的聲音；在表演大型動作場景時，他還會拍手來強調重點。年輕同事都對他印象深刻，將他比作奧森・威爾斯[49]（Orson Welles）。史丹・李一直是鼓勵各種英雄崇拜的人，還為自己取了另一個名字：及時漫畫先生。

古德曼對這小伙子印象深刻，因此給了史丹・李更多的自由。身為老闆，他仍然密切參與每個決定，從選擇封面，到確定哪個新的英雄能存活下來，而哪個英雄又會退出故事，都事必躬親，但他很樂意讓史丹・李用自己的方式做事。只要這個年輕的編輯每星期可以寫出兩、三篇故事，並且確保他自己和下屬都能如期完成每一篇故事，他就能穩穩保住飯碗。

然後就發生了珍珠港事件。

日本襲擊美國後，跟史丹・李共事過的每個人幾乎都立刻穿上了軍服。喬・西蒙加入騎兵海岸巡邏隊，然後被送到馬里蘭州接受基本訓練。傑克・科比當時成了第三軍第五師一等兵。伯戈斯自願加入空軍，埃弗里特則進了維吉尼亞州貝爾沃堡的預備軍官學校。

史丹・李幾乎坐不住了。「我想我本來應該會被延緩徵召。」幾十年後，他對一位採訪者說。「但這場戰事是那種如果你不參戰的話，簡直就是狗娘養的混蛋。它太重要了，所以一定要去。」[1]渴望加入戰爭最前線的史丹．李，覺得自己年底前就會身在歐洲的戰場上，於是他打電話聯絡文森．法戈（Vince Fago）。法戈是自由工作者，最為大家熟悉的角色是他創作的貝蒂娃娃（Betty Boop）和大力水手，以及許多可愛的動物英雄，例如齊格豬（Ziggy Pig）、呆呆海豹（Silly Seal）和鵜鶘郵差波蒂（Posty the Pelican Postman）。史丹．李問法戈：「你願意接手我的工作嗎？」法戈欣然接受了。[2]一九四二年十一月九日，距離史丹．李的二十歲生日還有七個星期，他加入了軍隊。

史丹．李高分通過了陸軍普通分類測驗（AGCT），證明自己是個聰明、精通言詞的新兵，被分派到美國陸軍通訊兵團，並且派往新澤西州的蒙茅斯堡進行基礎訓練。在那裡，他學會了怎麼接通訊線路和修復線路，讓想像力豐沛的他，直接將自己代入《美國隊長》的漫畫情節，想像起未來。他幻想自己潛入敵人的領土，透過建設關鍵的基礎設施來抵抗納粹。史丹．李被分配到和美國隊長史蒂夫．羅傑斯一樣卑微的工作，在冰冷的

49 美國電影導演，主要作品《大國民》（*Citizen Kane*）是影史上的經典之作。

寒風中巡邏邊界，留意德國U型艇的蹤影。每當這種時候——這種任務總是在英雄尚未變身的時刻落到他頭上——史丹．李就覺得自己離這個超級英雄更近了。不過，寒冷和這些陌生的日常工作也無法削減他的自我推銷精神。他很快就忙著將自己的身份與成就告訴任何願意聆聽的人，長官們是他的第一批最佳聽眾。他跟大家說，儘管他還年輕，但他以前在曼哈頓的時候，可是一位出色的作家和編輯。

他並不知道，寫作和編輯正是美國陸軍通訊兵團當時的首要任務。此刻，美國全國動員起來作戰，意味著各行各業、各種教育程度的人都參軍了，而國家期望他們能齊心協力作戰。這些從軍的人需要接受培訓，但是對那些閱讀理解能力不佳的美國大兵而言，冗長而繁瑣的說明手冊並非理想的選擇。這一點是經過證實確認的。軍隊很快就意識到影片是一種更有效的媒介，因為一部培訓影片只需要幾分鐘就可以觀看完畢，而且幾乎不太會造成解讀上的歧異。於是當時軍隊在皇后區阿斯托里亞的某間電影製片廠，建造了美國東北地區最大的攝影棚，並且招攬特殊的軍事職務人才：編劇。

法蘭克．卡普拉[50]（Frank Capra）自然是軍隊編劇編制的一員。紐約漫畫家查爾斯．

亞當斯（Charles Addams）也是其中一份子，他是受歡迎的《阿達一族》（*Addams Family*）連載漫畫創作者。西奧多・蓋索（Theodor Geisel）也是軍隊的編劇成員，之後他很快就會以「蘇斯博士」（Seus Dr）的名號在兒童文學與漫畫界聞名。威廉・薩洛揚[51]（William Saroyan）也加入了編劇部隊。他早在幾年前就因戲劇作品《你的生命年華》（*The Time of Your Life*）榮獲普立茲獎，但他拒絕接受該獎項。史丹・李的位子就在薩洛揚的隔壁桌。

然而，史丹・李幾乎沒有機會認識他這些有名的軍中新弟兄。大部分時間，他都在執行一些上級臨時指派的工作，往來各個基地之間，並協助製作所有軍隊所需的教材。漫畫書——以年輕孩子為目標的讀物——在軍中成為一種自然的教學媒介，用來處理某些主題。這些主題若用其他方式來表現，不是會太複雜，就是太無趣。比如當陸軍財務部要求史丹・李製作一本手冊來教發軍餉的人員如何按時發薪，於是他創造了以新英雄「財會弗雷迪」（Fiscal Freddy）為主角的漫畫，用幽默的方式指導軍餉發放人員如何將工作

---

50 義大利裔美國電影導演，榮獲三次奧斯卡最佳導演獎，代表作有《一夜風流》（*It Happened One Night*）等。

51 亞美尼亞裔美國劇作家暨小說家。

做得更好更快速。

「它讓我們可以縮短五〇%以上的軍餉發放人員培訓時間。」史丹．李後來以一種充滿他個人風格的悠哉口吻說道。「我覺得我一個人打贏了這場仗。」[3]然而，讓他迎來最高榮耀的機會，出現在軍隊每月要為成千上萬性病患者提供治療的時候。軍隊要求史丹．李找出某種方式宣導安全性行為。他構思出一張海報，上面畫著一名微笑的士兵特寫，搭配簡短的文字：「性病？我沒有！」這張海報成了那些在軍隊中到處都看得到的文宣品之一。

史丹．李在軍中的工作既有效率又顯著，讓他手邊多出許多自己的時間。當他在「及時」上班時，每個星期出版五期漫畫，一股腦地瘋狂往前衝刺。當兵的時程比這輕鬆多了，加上史丹．李很懷念平民生活的滋味，於是讓文森．法戈發包案子給他。兩人建立了一套簡便的合作流程：法戈會在星期四用郵件交代工作給他，史丹．李在一天後收到郵件，利用週末時間工作，星期一再郵寄回給法戈，趕上他們約定的星期二截止期限。然而，某個星期五下午，史丹．李去找郵件管理員，卻被告知信件還沒送到。

「你確定沒有我的郵件嗎？」他問。

「沒有，什麼都沒收到。」郵件管理員說。

史丹・李失望地離開。但是第二天他經過郵件收發室時，從外頭看到他的信箱小隔間裡確實躺著一封信，他也清楚看到上頭印著「及時漫畫」的地址。他生氣地走進郵務室，要求郵件管理員把信拿給他。管理員回答他說不可能，因為收發室星期一早上才能開放。但是等到星期一早上意味著史丹・李會錯過截稿期限，而他可不想造成這種先例。

於是他拿了一把螺絲起子回到收發室，撬開門上的掛鎖，拿走他的信後再把掛鎖重新擰緊。他花了整個週末進行「及時漫畫」的工作，然後在星期一早上照常寄出。星期二，他被勒令馬上向基地某位脾氣暴躁的上校報告此事。上校跟史丹・李說，有證據顯示史丹・李撬開了郵件收發室，所以現在就要把他拘留處置。幸運的是，基地指揮官透過「財會弗雷迪」手冊知道了史丹・李這個人，認為他這麼有價值的人才入獄實在太可惜。[4]

史丹・李用他從軍和為「及時漫畫」打工賺來的錢，替自己買了一輛黑色的四門別克敞篷跑車，車內裝飾著紅色皮革，還有帥氣的白邊（輪）胎。他花很多時間和精力開車到處晃，用這種方法把妹。他一直對於錯過大學生活（「校園生活，參加啤酒派對，每天晚上搞一夜情」）的遺憾耿耿於懷，所以利用在軍隊中的閒暇彌補失去的大學時光。「我戀愛了一百次。」幾年後，他回憶道。「軍隊把我送到全國各地的不同城市；每去到一個城市，就遇到我覺得很棒的女孩子。」[5]然而，當戰爭終於結束，史丹．李的腦袋裡最重要的是工作而不是戀愛。他一接到退伍令，馬上跳進他的別克汽車，開到曼哈頓，渴望恢復他的舊職位：及時漫畫先生。

結果，史丹．李發現漫畫業與幾年前他離開的時候不一樣了。戰爭已經打贏了，讀者對那些穿著緊身褲到處跑來跑去打擊惡勢力的勇敢男性似乎不太有興趣了。然而，史丹．李的專業只有創造令人興奮的新英雄這條路，因此他拒絕不戰而降。他認為，如果大家不喜歡一個超級英雄，也許四個、五個或六個可以辦到。

一九四六年秋天，他推出一本名為《大贏家漫畫》（*All Winners Comics*）的新刊，將美國隊長、霹靂火、海底人與其他一些受歡迎的角色組成一個團隊，每個角色都有自己的少年隨從。

為了盡可能激發強大瓦數的威力，史丹・李在封面加了一個文案，向讀者保證它是「絕對刺激！動作驚悚大作！」[6]為了確保故事夠強大，史丹・李請來《蝙蝠俠》的共同創作者比爾・芬格（Bill Finger）撰寫故事，內容講述一個瘋狂的反派企圖竊取某種核子武器。結果，一切徒勞無功。這本《大贏家漫畫》無法擄獲任何讀者的心，才出了兩期，古德曼就毫不客氣地把這個系列腰斬了。

就連久負盛名的美國隊長都沒能高枕無憂。隨著銷售下滑，史丹・李和他的團隊竭盡所能，想讓美國隊長再度引發讀者的興趣，甚至還下猛藥，讓巴奇遭到槍擊而死，由美國隊長的女友貝茜・羅絲（Betsy Ross）取代他的位置。只不過，對於在戰後繁榮時期成長的年輕讀者來說，英雄精力充沛地揮動拳頭來表現愛國主義，這類的英雄招牌特色似乎過時了。一九四九年七月，《美國隊長》停刊了。

史丹・李意識到，在某種程度上，觀眾口味的改變與電視的迅速崛起有很大關係。例如在一九五〇年，只有不到四百萬的美國家庭擁有電視機。隔年，這個數字躍升到一千萬，下一年又增加到了一千五百萬。[7]為了跟上時代的發展，史丹・李趕緊模仿小螢幕上流行的那種東西，匆忙打造仿效之作，從中暑的牛仔到硬派的偵探都是他的參考對象。他對當中大部分內容都沒什麼感覺，但這不重要，因為這一行仍然是謀生的好方法。

這也是能讓史丹・李負擔他一直渴望的人生的好方法。他一生都在不斷彌補童年時期的匱乏。他在百老匯大街七十街的阿爾馬奇旅館租了一間房間。這棟旅館是一幢十九層的黑磚建築，裡頭住著各式各樣的房客，從爵士樂手到來巡迴比賽的職棒選手，甚至還有納粹科學家以假冒的身份住在其中，為美國政府進行軍備研究。他盡可能不斷約會，每天漫步到「及時漫畫」於帝國大廈的新辦公室上班。

在他的自傳裡，他回憶起這段日子，充滿了一連串開心的巧合、輕鬆活潑的胡鬧，包括在中央公園賽馬，還有跟某位高級伴遊有過短暫、友好的關係。那位伴遊小姐跟他講過她一些客人的戀物癖故事，令他大開眼界。他的敞篷車在冬季的紐約不怎麼實用，於是他把座車換成轎車，開心地載著他的母親和姨媽在城裡四處晃晃。他仍然對金錢沒有安全感，仍然是那個在經濟大蕭條時期下成長的孩子。物資匱乏造成的壓力依舊揮之不去，所以他覺得每一分奢侈都應該好好珍惜、慶祝與分享。

猶太人對於奢侈揮霍的行為特別介意，因為他們還只是剛來到美國一、兩代的新移民時，要拚命討生活才能養活自己和家人。在史丹・李往後的人生中，他極力避免自己受到父執輩那些信念的束縛，卻似乎仍深深意識到，儘管自己已經功成名就，在這個國度卻仍是個局外人。有一天，他在隆尚餐廳（Longchamps）與好友肯・鮑德（Ken Bald）共進午餐，這家高檔餐廳以裝飾藝術風格和衣著亮麗的客戶聞名。他們坐在戶外用餐，一隻在空中遨翔的鳥兒飛到他們頭上解放，糞便直接落在史丹・李肩膀上。史丹・李不慌不忙地望向天空，揮了揮拳頭，用假裝生氣的口吻大喊：「你只會對非猶太人歌唱！」[8]

然而，史丹・李愛找樂子的單身漢日子不多久後就結束了。某天下午，有個在跟模特兒約會、交往的朋友，安排史丹・李與他情人的同事約會。他們約好在模特兒經紀公司碰面，但是他到場後，另一名也是模特兒的女子打開門走了進來。她是英國人，氣質出眾，留著一頭紅髮。渴望追求她的史丹・李編造了自己生平另一則精采故事。他告訴她，他是漫畫創作者，而且從小就一直在畫同一位女孩的臉龐，那是他每天晚上都會夢見的女人，是他一生的摯愛。那張臉孔，跟眼前的她一模一樣，而他瘋狂地愛上她了。

這個幻想是如此荒謬，讓眼前女子笑了出來。她自我介紹說自己叫做瓊恩·克萊頓·布考克（Joan Clayton Boocock），然後他們開始約會。兩星期後，史丹·李就求婚了。瓊恩說，如果她還沒有結婚，她會很樂意接受。當史丹·李的女友告訴他自己的人生故事時，史丹·李大為震驚。

瓊恩是個戰爭新娘。她跟一個只認識二十四小時的美國軍人結婚，然後隨著他搬到美國。她與丈夫的關係很快就結束了，但是從法律的角度來看，她仍然是桑福德·多夫·韋斯夫人。由於離婚在當時的紐約州是一件很複雜的事，史丹·李於是建議她前往內華達州里諾市，只需要在那裏住滿六個星期就可以訴請離婚。瓊恩同意了並且真的前往西部，也承諾她會經常寫信給史丹·李。但是當她的一封信送達時，史丹·李卻看見信上署名給「親愛的傑克」。史丹·李擔心這名美麗的女子可能會決定嫁給別人，趕緊買機票動身。由於只買得到多航點班機的機位，他花了二十八小時才飛到里諾、找到瓊恩。在那裡，他再次告訴她，他愛她，並堅持他們馬上結婚。他找到了一位法官，還說服後者在法院一間房間裡撤銷瓊恩的婚姻，然後到隔壁的房間主持他和瓊恩的婚禮。

史丹．李回到紐約。雖然他不是那種嚴格遵守禮法的猶太人，但仍覺得有必要讓他們的婚姻再次受到祝福，而且這次是由一名拉比主持他們的婚禮。這對新婚夫妻搬進上東城區的一間大公寓裡。兩星期後，一九四七年十二月十六日，史丹．李的母親希莉雅因胃癌去世。

史丹．李知道自己的父親沒辦法獨力撫養小弟賴瑞，便扛下責任，讓十五歲的弟弟搬來跟他們夫妻同住。儘管肩負照料青少年的責任，史丹．李和瓊恩仍然充分利用了這段時間，舉辦晚宴並享受兩隻叫做哈姆雷特、希巴的可卡犬陪伴。兩年後，他們從這座城市搬到占地一．二英畝的別墅，特色是在長島的休利特港擁有私人的鴨塘。一九五〇年，他們的女兒瓊恩．希莉雅誕生了。

家庭帶給他的幸福，大大彌補了史丹．李事業上的缺憾。他曾經全力以赴的事業，如今不再那麼吸引他。漫畫業仍在蓬勃發展，出版的主題包羅萬象，從廉價的怪獸故事、駭人的犯罪故事，到微帶鹹濕的情色作品都有。古德曼的商業策略主軸是要讓市場充斥自己公司製作的漫畫，越多本越好。古德曼知道他可以信任史丹・李能夠準時交出品質不錯的漫畫書之後，就允許他的明星編輯或多或少自由地去做他想做的事。

史丹・李善用了古德曼的信任，每個星期在家工作兩天。夏天時，他一邊把腳放在為孩子買的圓形塑膠小水池裡，一邊坐在前廊上寫作。但是幾年後，他開始覺得自己的生活型態越來越重複。他曾描述自己的日常活動：「去辦公室，在週末和晚上回家寫東西。在寫故事的空檔，跟瓊恩一起出去吃晚飯，和女兒小瓊恩玩耍，看看車子。」後來，他稱這段時光是「不上不下的那些年」。[9]

為了讓自己保持精力充沛，史丹・李回過頭來描寫他一直以來最喜歡重複打造的英雄：史丹・李。《讀者文摘》將他的故事搬上封面，標題為「在漫畫中找到財富！」之後，史丹・李決定是時候自行出版一本名為《漫畫背後的祕密》（*Secrets Behind the Comics*）雜誌，來進一步宣揚自己的傳奇。他以一美元的價格販賣這本雜誌，是漫畫書價格的十倍。第一個「祕密」是史丹・李本人，封面主打作家迷人的大頭照，打著領結，耳後夾著一枝鉛筆，並用他本人撰寫的介紹歌頌了自己一番，然後承諾會將自身擁有的魔力傳授一點給讀者：「史上頭一回大公開！史丹．李將為你展示連載漫畫的寫作法！」[10]

然而，名氣越大，隨之而來的壓力也越重。古德曼的編輯理念包括模仿其他出版公司的暢銷書、瓢竊人家的內容並進行細微改動，也時常要求史丹．李為替公司創造最多財富的其中一本男性雜誌撰稿，史丹．李害怕失去工作，只好勉強同意，但他觀察到漫畫業正在朝危險的方向發展。

早在一九四〇年代，美國漫畫就是由第一代美國猶太人在生存上的恐懼所主宰。這些猶太創作者打造的人物，能夠體現並消弭他們最深沉的恐懼——從經濟崩盤到種族滅絕這些他們最懼怕的問題——在此同時，他們也秉持著新教精神，謹守新教徒的道德觀，因為美國文化始終是由新教徒的道德觀所驅動。然而，十年後，任何事物崛起的程度都比不上漫畫產業。漫畫是一個大眾市場，現金淹腳目，任何能造成轟動的內容，漫迷和出版商都願意嘗試看看。但是以史丹．李的口味來說，有些犯罪漫畫太過令人毛骨悚然，有些浪漫愛情漫畫則太過煽情。

史丹．李曾是個會花時間閱讀經典文學的早熟孩子。對他而言，漫畫書已經離他所捍衛的事物越來越遠，而這可能說明了他為何會如此輕易將對這一行的批評放在心上。當他告訴新朋友說自己是漫畫作家時，如果他們不以為然地皺皺鼻子，他會很生氣，這也許是因為他對漫畫的演變其實也跟他們同樣厭惡。

漫畫導致道德淪喪——這種觀點跟漫畫本身一樣古老。超人剛飛升之際，印第安納州韋恩堡的主教約翰·弗朗西斯·諾爾（John Francis Noll）便趕忙警告他的信徒，要防止威脅美國生活方式的雙重危險：共產主義和漫畫。他大聲疾呼，後者是「亂源，嚴重威脅著我們國家道德、社會和民族的生活」，出版商的工作藏著「惡魔般的意圖」，打算「削弱道德，從而破壞宗教和顛覆社會秩序」。[11]

諾爾主教斥責漫畫裡那些邪惡角色正極盡所能要汙染純正基督徒的靈魂，讓漫畫業創作者——絕大多數是猶太人——在主教的叫嚷中嗅到一絲古老的仇恨，也是情有可原的事。不過，儘管在一九三〇和四〇年代，反漫畫的言論仍然僅限於少數直言不諱的評論家，但是到了五〇年代中期，主流媒體已經加入反漫畫運動，反漫畫運動已準備好迎接某人登高一呼，好讓這場運動成為眾所矚目的焦點。

這個榮譽落到了弗雷德里克・魏特漢頭上。儘管這位精神科醫生是出身巴伐利亞，但他還是深切體認到他身在其中的美國文化裡種種迷人之處和陰謀詭計。一九三四年，他在某個謀殺案審判中擔任專家證人時語出驚人地表示，包括他在內的每一位專家，所有證詞都已經沾染了個人利益，震驚整個法庭。

這小小的爆發之舉，為魏特漢博得一些有利的頭條新聞。很快地，他開始著手撰寫真實犯罪紀錄，書裡描寫現實世界發生過的知名謀殺案，標題包括〈黑暗傳說〉（Dark Legend）和〈暴力秀〉（The Show of Violence）等。儘管他身為為醫界盡心盡力的一份子，但聲名的誘惑還是蒙蔽了他的理智。他開始尋找登上報紙頭版的新途徑，漫畫似乎成為他很順理成章的一步台階。

一九四八年，作家茱迪思・克里絲特（Judith Crist）發表了一篇長達五頁的文章，內容是關於魏特漢的作品，標題為〈育兒室的戰慄〉（Horror in the Nursery）。標題聳動的風格貫穿了整篇文章：克里絲特寫道，魏特漢的發現「警告了九成的美國家庭家長，告誡他們這些漫畫家終將潛入他們的家庭」。為避免文字的含糊空間造成誤解，這篇文章搭配的插圖是有個小女孩將某個小男孩釘在地板上，另一位孩子則用鋼筆刺傷了小男孩。[12]魏特漢預料到他的反漫畫主張可能會招來什麼樣的批評，他告訴克里絲特，言論自由絕不是危及孩童安全的藉口。他說：「我們正在處理一個世代的孩子的心理健康問題。如果那些需要負責的人拒絕清理漫畫書市場——而且現在看起來確實是如此——那麼，是時候該立法讓這些書從報攤和糖果店下架了。」[13]

克里絲特的文章對魏特漢來說提供了再好不過的助力，但他很快就發現，如果由他自己來寫文章，可以引來甚至更多關注。這些想法引領他在一九五四年四月十九日透過萊恩哈特（Rinehart）出版社，出版了他的著作《誘惑無辜》。兩天後，魏特漢的想法促使參議院青少年犯罪小組委員會舉行了聽證會。委員會的調查員理查德·克勒倫登（Richard Clenenden）準備了幾個漫畫業中最嚴重的違法行為案例，展示了一堆令人毛骨悚然的漫畫，令在場的其他參議員忍不住驚呼出聲，揭開了整個聽證程序。那些漫畫當中，有一本的內容是八歲的女孩槍殺了自己的父親，再誣陷母親是謀害父親的凶手；另外還有一個故事描述某個被丈夫虐待的妻子，用斧頭砍死了酗酒的丈夫，再將屍體塞入酒瓶中。

魏特漢和許多漫畫出版商也出庭作證。當查爾斯．蓋恩斯的兒子——「EC漫畫」出版商——威廉．蓋恩斯（William Gaines）被傳喚上前，委員會向他展示了一本他出版過的出版品封面，上面繪著一個女人被砍斷的頭顱。田納西州參議員埃斯蒂斯．基福弗（Estes Kefauver）問：「你覺得這樣的內容得體嗎？」威廉．蓋恩斯回答：「是的，先生，我覺得很得體，就恐怖漫畫的封面來說。」[14]

委員會於第二天結束了聽證會議程。巧合的是，共和黨參議員約瑟夫．麥卡錫（Joseph McCarthy）當天針對共產黨可能滲入美國軍隊一事展開充滿仇恨的調查，令院會休會至夏季。但是，漫畫業不打算等政府發布正式譴責，許多出版商反而先共同創立了美國漫畫雜誌協會，而協會的第一個行動是制定漫畫書守則，決定漫畫可以描繪與不能描繪的內容。這些協會的創建者自誇說，這「對通訊產業全體來說，是自我規範的歷史里程碑。」[15]

大多數的漫畫創作者對這種新近實行的審查制度感到不滿。對於一個靠英雄和惡棍而繁榮發展的行業來說，他們很樂於將魏特漢描繪為某種威脅。而在這種消遣中，沒人能超越史丹・李。

史丹・李在那個時期創造了一個故事叫做〈胡言亂語的瘋子〉（The Raving Maniac），主角是史丹・李本人，而他吵架的對象顯然是以這位正義魔人心理學家為範本。這個陌生人針對漫畫咆哮了一堆淺薄空洞的見解，史丹・李則做了一個直接擷取自《美國隊長》的動作，將陌生人推到椅子上，發表了關於言論自由的獨白：「只有在獨裁統治下，人們才會試圖用武力改變你的想法！你應該感謝你待在一個只使用文字的地方！」[16]故事結束時，讀者受到故事最後轉折的震撼：原來這名男子瘋了，是當地療養院的逃犯。史丹・李在漫畫的最後幾格，哄女兒上床睡覺，跟她講了他當天稍早遇到這個「激動的小個子男人」當作床邊故事。

但是在當時的美國，這個激動的小矮子成了主流，而必須顧忌那套「漫畫書守則」可能不會認可哪些內容，使史丹・李的日子陷入愁雲慘霧中。當古德曼因為一連串錯誤盤算而被困在一份糟糕的經銷協議中動彈不得，最後索性一個人躲到佛羅里達，同時命令史丹・李開除全部職員，情況更是雪上加霜。史丹・李被迫搬進一個小隔間裡，一邊不停考慮辭職，一邊召來一群自由工作者組成一支骨幹團隊，竭盡所能維持業務運轉。

私事和公事都讓他飽受困擾。一九五三年，史丹・李和瓊恩有了第二個女兒簡（Jan），但她出生幾天後就過世了。為了從悲劇中恢復過來，這對夫妻試圖收養一個小孩，但很快就發現，大多數傳統上由宗教組織經營的收養機構，都拒絕受理這對不同信仰的夫婦。這件事激怒了史丹・李。他認為信仰應該使人團結在一起，而不是讓他們彼此排擠。但這對他來說是場無望的戰鬥，因此他讓自己重新投入工作，管理那些少數他還能聘僱的藝術家。

當中包括傑克・科比。

過去十三年裡，這位才華橫溢的藝術家過得並不順遂。DC解僱了他，連喬・西蒙也拋棄他。喬・西蒙完全退出了漫畫業，轉行到廣告公司上班。急需現金收入的科比，克服了自己對史丹・李的不滿；不論這個之前供他差遣的小弟丟給他什麼工作，他都照單全收。

當史丹・李提出了最後一本孤注一擲的漫畫構想，一個前所未有的超級英雄故事時，科比覺得自己已經沒有什麼可以損失的了，決定和史丹・李攜手一搏。

CHAPTER 5

轉折：驚奇四超人的奇蹟

有些作品徹底重塑了他們所屬的媒體與文化——想想電影《大國民》、披頭四的《花椒軍曹與寂寞芳心俱樂部》，是如何為我們帶來詮釋上的挑戰。我們該如何面對一個已經被灌注諸多意義的紀念碑？該如何理解那種已經跨入永恆境界的作品？就《驚奇四超人》來說，任何人企圖闡述這部作品，都必須從它的創作過程著手。

大多數情況下，漫畫業幾乎完全由銷售量推動。在漫畫業成形之前，辛勤的猶太移民先打造了成衣業這座堡壘。服裝店一間間開起來，那些勞工收取低微的薪資辛苦勞動，老闆們則忙著爭搶不斷增長的市場大餅，因此變得富有。

這種邏輯將生產力置於創造力之上，意味著老闆認為最好能建立一條可以快速順暢運作的生產線。對大多數出版商而言，這代表先由作者構想出一篇詳細的故事，再交由給藝術家來描繪內容——一個完美的二元系統，可以在必要時靈活運用，因為只要一聲令下，就可以將作家和藝術家從一件專案中拉出來，立刻投入另一件專案中。再怎麼偉大的創作者，即使他創造過業界最暢銷的代表性英雄，也無法得到特殊待遇，而且他們大多數人都是自己上色——用鉛筆勾勒出輪廓後填上顏色——再將文字加進每一格漫畫框內。按照業界的邏輯，裁縫只是裁縫，即使是最好的裁縫也可以被輕易取代。大多數情況下，漫畫家從來沒有被公開論功行賞，你必須是內部人員才能知道誰做了哪些工作。

甚至在開始製作《驚奇四超人》之前，史丹．李對此就有不一樣的想法。也許因為他從來都不是真正的漫畫迷，也不認為自己是漫畫這個媒體的大師，而是偉大才智的召集人和交響樂團指揮。也許是因為，他不像業界其他那些擠在漫畫出版公司小隔間的工作者，而是個飽讀詩書之人，渴望追求高層次的文化。又或許是因為，他意識到如果他擁有最偉大的創造力，並且有業界頂尖人才的輔助，就能將他最偉大的創作——史丹．李本人自己——好好打造成一塊閃亮的招牌。不論是什麼原因，史丹．李都認為他的藝術家是創作過程中的夥伴，而且在他們當中，沒人比傑克．科比更值得珍惜的了。

他們之間是怎麼互動的？史丹．李最喜歡的另一位藝術家約翰．羅密塔（John Romita Sr.）回憶起他們某次典型的對話模式，簡直是一團混亂。在從曼哈頓到長島的路途上，史丹．李與科比、約翰．羅密塔同在車上，話題轉移到《驚奇四超人》的情節。史丹．李興奮地滔滔不絕，迅速地同步將腦袋裡浮現的想法不斷拋出來。科比則是揮著粗短的雪茄，輔助他口拙說不出來的想法。羅密塔過了好一會兒才意識到這兩人其實都沒在聽對方說話。「兩個人都會提出自己的想法。」他說。「兩個人也都會忽略彼此……我從來不知道他們會把故事帶往哪條路，因為他們倆對故事怎麼走有不同的看法。」[1]

這種非正統的工作方式，不僅可以發展多樣化又有趣的故事線，還開創了一種全新的漫畫：它涵蓋眾多人事物，而且可以讓這個最初鎖定年輕讀者的媒體，探索老式漫畫難以想像的不同情感性與道德深度。要了解個中原因，你只需讀讀《塔木德》就能明白。

羅馬人占領了以色列的土地，猶太文明因為一連串的衝突和威脅而遭受危機。有些外邦人與一些猶太人勾結，領導的拉比在守護信仰的存續上面臨前所未有的挑戰。公元七〇年，耶路撒冷被掠奪後，這些拉比的任務變得更艱鉅了。在將近一千年的歷史中，猶太人的生活一直以聖殿內舉行的儀式為中心，如今聖殿遭到摧毀，猶太人不得不再次定義詮釋猶太教，將其改造成一種更堅強的宗教。這麼一來，即使跳動的心臟被焚，它仍然可以存續下去。他們的解決方案是激進的：將一切全寫到書上。

如何達成這一點是極其複雜的難題。我們可以想像，第一直覺可能只是將所有律法和傳統寫下來，留下清晰的法典供後代參考。但這樣的做法，會產生一個關鍵的風險。如果把戒律局限為文字形式，它們會變成一串死板的編輯篇章，讀者只能接受或是拒絕，一翻兩瞪眼。拉比知道，這種做法對大多數人來說太絕對了。即使是忠實的信徒，也不喜歡盲目遵從。而且，如果一個宗教只是列出嚴格的清單，規定什麼應該做、什麼不該做，這種宗教不可能長久保持活力。

他們想到的替代作法是一種全然原創的奇特結構：不記錄祈禱文，而是留下對話。他們先讓人讀一頁集結於公元三世紀的第一部律法《米示拿》（Mishnah），或是《革馬拉》（Gemara）——後世分析與評論《米示拿》的註解文字——《米示拿》與《革馬拉》兩者合起來通常稱為《塔木德》。

你會發現，這部經典裡粗俗與優雅高尚的內容兼具。上一刻，拉比可能還在議論如果你買了一艘船、在船裡發現珍貴的貨品該怎麼辦，接下來轉而說起某個特別受歡迎的《聖經》人物發生了什麼神奇故事，之後的段落又開始深入探討各式猶太傳統。《塔木德》這部驚人的經典，最大特點就在於這些博學的人意見分歧的頻率。

這一點，也是蓄意為之的結果。《米示拿》最早的編撰者被稱為祖格特（Zugot），意思是「一對夥伴」：兩位明智的拉比搭配無間，因為他們以截然不同的眼光看待世界。當中最有名的一對是希列（Hillel）和沙邁（Shammai），前者寬容而和善，後者專橫而嚴格。他們的論據，至今仍被每一代那些細心的猶太人解析與研究著。

《塔木德》以上述的方式構建，保證任何翻開這部經典的新讀者，看了這些跨越兩千年的論證後，都只會成為最新的虔誠信徒。這就是為什麼傳統上信徒會以同儕小組討論的形式來研究《塔木德》的原因。書中那些分歧的意見經常以生動的方式呈現，不同的看法不僅是學習經驗上不可或缺的要素，對於神學研究的實質理解本身來說，也是至關重要的一環。

從《驚奇四超人》第一期的第一頁起，我們就可以明顯看到一種堅定不移的邏輯：儘管他們之間有無法調和的歧見，但他們會讓彼此的意見共存。這群英雄的故事戲劇化地展開了，開場時以信號槍響拼寫出「驚奇四超人」這個合稱，下方街道的人們因為槍響而恐慌。很快地，我們得知開槍的人是站在窗邊的一個身形幽暗的男子——或是更精確來說：史丹・李以他典型的令人屏息的風格宣告，開槍的人「某種程度上來說，不僅是一個男人而已，因為他是個領導者，帶領著……驚奇四超人！」[2]

就像漫畫裡那些困惑地看著這一幕的紐約人，讀者們也頭一遭見識到驚奇四超人，透過他們的行動和對周遭世界的反應，來認識這四個角色。

「隱形女」（Invisible Girl）蘇・史東急著趕路，同時做些小事來嚇唬路人，例如在她身體透明時付錢給計程車司機，或是張開手肘在擁擠的街區上推擠著前進。在貝蒂・弗里丹（Betty Friedan）點出「無以名狀的問題」[52]相關著作出版的兩年之前，隱形女已經證明了這個問題的存在，那就是：在一個重男輕女的父權社會中，婦女為了過她們自己有意義的生活而奮戰掙扎，她們感受到深切的不快樂，也沒有屬於自己的臉孔。然而，即使你不喜歡將隱形女的特殊能力視為女性在公眾生活中遭到抹除的隱喻，你仍然可以盡情

52 美國一九六〇年代女權運動先驅、有「婦運之母」之稱的貝蒂・弗里丹在其名作《女性迷思》（*The Feminine Mystique*）中，點明美國婦女受到的性別不平等待遇，是美國社會中「無以名狀的問題」（the problem that has no name）。

享受科比招牌的動感激狂畫風。

假如「隱形女」的問題是隱形，「石頭人」遇到的問題則是截然相反。我們第一次見到石頭人時，他正徒勞地試圖要買到他穿得下的衣服。當然，這家商店出售的衣服沒有他身形這麼龐大的尺寸，所以當信號槍響起，反而讓石頭人鬆了一口氣。他重步踏在街道上，嚇到了幾名警察，使得他們不假思索拔槍開火。石頭人劈開了一個人孔蓋，跳進下水道。這裡，漫畫家科比停止描繪動作，而是給了我們一格令人難忘的畫面：在藍色、彎曲的下水道水面上，只有石頭人的頭和手指露了出來，臉上是一副痛苦的神情。這一幕提醒了讀者，儘管這個巨人可能比地球上任何人都來得強大，他卻得承受與人疏離的苦楚。

最後，畫面切換到隱形女的弟弟強尼・史東。看到信號時，他正在修理車庫裡的改裝汽車。他像初代霹靂火一樣，在空中燃燒並飛越天空，但他得先避開幾台戰鬥機的追擊，因為機上的飛行員誤把他當成導彈了。他的火焰開始熄弱，身體癱軟卻對此無能為力。急速墜下的他，正瀕臨死亡，一直到最後一刻，驚奇先生理查茲出手相救，伸長身體接住了墜落的男孩。然後，漫畫家向我們簡單介紹了一下四人幫的源起故事：這四個角色在理查茲的帶領之下，進行了一趟祕密太空飛行，希望能憑他們一己之力擊潰共產主義者，結果因為暴露於宇宙射線下而被改變了分子結構。這場意外把他們變成強化版的存在——然後，他們開始吵架。

隱形女對理查茲的愛意，讓石頭人妒忌起後者。石頭人——才剛經歷從人類變成「生物」的可怕轉變——一瞬間就撕下了樹幹，企圖朝科學家理查茲揮擲而去。驚覺自己的四肢現在可以無止盡彈性伸展的理查茲，用一隻手臂緊緊纏繞住眼前大發雷霆的龐然大物，以免石頭人造成更多傷害。這兩人在開打時才偶然發現自己具備的超能力，而且，爭吵也始終是推動他們前進的動力。

理查茲在他和石頭人都平靜下來後，嚴肅地聲明：「你們所有人，聽我說！我們加起來的力量，是人類前所未有的超能力！」為了強調這個橋段，科比讓理查茲在如墨一般漆黑的天空映襯下說出這句台詞，太空船燃放的金色光芒照亮了理查茲。接著，配色設計又恢復到自然的風格，輪到石頭人開口，他說：「大人物，你不需要在這裡演講！

我們都明白！我們得利用這種超能力來幫助人類，對嗎？」[3]

石頭人和驚奇先生就像古老的拉比一樣，通常會提供讀者不同的看待世界的方式。讀者大部分的樂趣就來自試圖找出自己支持哪一邊的觀點。這沒有標準答案。以往的英雄總被視為他們所屬宇宙的道德最高權威來源，但驚奇四超人不一樣，他們顯然擁有人性的優、缺點，而且很顯然地，也沒有任何超凡的榜樣在指導他們該怎麼走。

石頭人和驚奇先生爭吵的意義是什麼？答案很清楚，他們分別代表人類的大腦和肌肉，這是驅動所有人類事務的兩種基本力量。一位是才華橫溢的科學家，另一位是由堅硬的橙色岩石所組成的。考量到創作者科比和史丹·李的猶太裔身份，這個解釋尤其引人入勝。

科比和史丹·李，一個是藝術家，貧窮移民的兒子，跟幫派成員一起拳打腳踢力爭擺脫貧窮；另一位是作家，也是貧窮移民的兒子，透過閱讀和寫作力爭擺脫貧窮，坐上了總編輯的寶座。如果你傾向透過一種狹隘的社會經濟稜鏡看待世界，那麼你可以將石頭人視為街頭的猶太小子；這種強悍的人，如果他夠幸運，之後可能會脫離街頭、轉換跑道，將生意做得有聲有色。至於驚奇先生，他是愛看書的猶太人，代表某種書呆子，可以在醫學或法律界執業而名利雙收。

但是《驚奇四超人》這部作品要表達的，比上述的觀點更加細緻入微。它從前幾頁開始就出乎讀者的意料。「驚奇先生」理查茲或許是傑出的科學家，但正是他粗心大意的計算錯誤和狂妄自大，才導致這四個角色的生理突變，開啟他們崎嶇人生的新篇章。石頭人可能是世界上最強大的生物，但他其實脆弱又孤獨，正如他沮喪地漂浮在下水道時讓讀者看到的那樣。石頭人也非常有智慧。團隊中只有他這個成員，曾經反對他們一行人到太空執行這件將造成不幸的任務，也只有他準確預測了外太空的輻射會造成什麼有害影響。

這些人物刻畫上的細節，與一九五〇年代科幻小說色彩單一的世界大相徑庭。在那種科幻世界中，人們對於可能具有破壞性的新技術，以及冷戰的陰謀詭計感到擔憂焦慮，因此創造出了一系列的外星人、不明飛行物、雷射槍和其他離奇的發明。

《驚奇四超人》不同於以往科幻作品之處，為好幾世代的評論家帶來了一個難題：到底該如何理解《驚奇四超人》？或者說，該怎麼解讀史丹・李的所有作品？他的漫畫的宇宙充滿強大卻帶有缺陷的生物，而這個宇宙的創造者，試圖向我們展示什麼精神境界的寓意？還是說，故事背後並未蘊含更宏大的訊息，它要傳達的只有色彩斑斕的畫格、通俗易懂的文字、永遠戰鬥不休的酷炫人物？

要解讀他的作品，詢問大師本人不會有太大幫助。史丹・李一如既往，嘻嘻哈哈地迴避正面回答。每當有人問起史丹・李這個角色、那個情節的真正含意時，他會像另一位猶太裔格言藝術家鮑布・迪倫[53]（Bob Dylan）那樣，不理會任何試圖認真解析作品的問題，留待讀者發展自己的意見與看法。

史丹・李一直不斷逃避將故事說明得更清楚，讓試圖為史丹・李作傳的任何人為此備感挫敗，卻反而也讓史丹・李的作品更有意思：他的漫畫和鮑布・迪倫的歌曲一樣，都成了巨大的文化畫布，只要是對他們的藝術形式感興趣的人，都可以在畫布上面描繪屬於自己的解讀。這種與藝術家之間持續進行的對話，近似《塔木德》經典中不斷對話、爭辯的邏輯。

某種程度上來說，這可以解釋史丹．李的作品的持久力：它提供的樂趣不在於讓讀者根據過去的經驗來證明某個角色應該只以某種特定方式來解讀，而在於深入文化的聚寶盆，將其中似乎能融入史丹．李筆下廣闊宇宙的寶藏，全部挖掘出來。

對於猶太裔評論家而言，解讀史丹．李的作品是一種特別的樂趣——或是感到特別挫折，端視個人觀點而定。這些評論家花了數十年時間，編織出規模有如家庭手工業的小型產業，在當中爭論著美國猶太藝術家所建構的新神話，有哪些部分是受到他們古老宗教的舊觀念所啟發。

就這點來說，我們沒辦法找出什麼毫無爭議的證據，能夠證明史丹．李的作品有受到猶太教的影響。例如，我們知道史丹．李小時候習慣去猶太教堂，知道他曾經慶祝自己的成年禮，而且在猶太教堂的戲劇社團裡表現活躍，但以上這些事蹟都不足以代表他像拉比一樣對猶太教的文本或傳統非常熟悉或充滿熱情，也不意味我們應該一邊閱讀史

53 美國最知名猶太裔歌手，以「反抗民謠」歌曲聞名，二〇一六年獲頒諾貝爾文學獎，成為世界上第一位榮獲此獎項的歌手。

丹・李的漫畫書，一邊尋找經文的痕跡。

不過，了解史丹・李的背景，並發掘那些埋在他作品中的超脫世俗的力量，將他的作品放到猶太文化背景框架中、看看是否吻合，可以讓讀者不受經驗限制地去了解史丹・李的創作。石頭人和驚奇先生之間的對抗就能以猶太觀點來解讀，因為這兩位英雄都代表了植根於猶太神祕主義土壤的深層原型。

石頭人是猶太文化中的「魔像」(golem)。儘管猶太人的傳說中充滿了用塵土或黏土形塑而成的生物——例如亞當就是個強大的巨人，由泥土塑成，透過上帝的親吻而被賦予生命的氣息——但當中最知名的是十六世紀布拉格的拉比猶大・盧(Judah Loew)用伏爾塔瓦河(Vltava River)兩岸的泥土捏塑出來的造物。「魔像」在希伯來語中的意思是「殘缺的團塊」，他不僅身體強壯，精神上也具有強大威力，而且能夠看見人的靈魂、召喚死者。當魔像失控時，他的創造者會從原本放在他嘴裡的咒語中抽走一個字母。這個希伯來咒語是「Emet」，意思是「真理」，這是賦了魔像生命的關鍵。當創造者要摧毀魔像時，會拿掉第一個字母，使它變成「Met」，意思是「死亡」。

就如同魔像，石頭人與將他變成石頭的創造者「驚奇先生」之間有著複雜的關係。而且就如同魔像——被創造來保護猶太人免受迫害者的傷害——那些每一集都捲土重來威脅他這些朋友的凶惡敵人，也同樣不怎麼把石頭人放在心上。他也和魔像一樣，比人們以為的還更有感情，經常看穿另外三個夥伴之間複雜的情感糾葛是怎麼讓他們無法真誠地面對自己。

石頭人是以科比為本塑造出來的角色，因此總是被讀者想像為猶太人，但其實一直到二〇〇二年，漫畫才清楚點明他的猶太裔身份。在《驚奇四超人》最發人深省的精采傑作中，有一篇出自漫畫家卡爾・凱瑟爾（Karl Kesel）和斯圖爾特・伊蒙寧（Stuart Immonen）之手，標題巧妙地結合了石頭人的名字與普魯斯特（Marcel Proust）大作的書名，叫做〈追憶似水年華〉（Remembrance of Things Past）。故事中，石頭人正在老家一帶閒晃。他相信這一天是贖罪日[54]（Yom Kippur），想要為他許多年前犯的過錯贖罪。那時候，他曾經從

54 提斯利月（猶太國曆的一月，猶太教曆的七月）第十日是贖罪日，當天猶太人需祈禱與禁食、反省與懺悔一整年所犯的過錯。

當地一位名叫謝克柏格（Sheckerberg）的當鋪老闆店裡偷走大衛星形狀的項鍊。這條項鍊是謝克柏格的寶貝，是他店裡唯一一件不出售的東西。當年的班・格林姆還沒變成石頭人，年輕的他為了通過街頭幫派規定的入幫儀式，偷走了這條項鍊。他充滿自責與懊悔，前去尋找謝克伯格，結果發現當鋪老闆正受到名為「炸藥筒」（Powderkeg）的勒索者脅迫。

「炸藥筒」人如其名，引爆了一顆炸彈，當場把當鋪老闆震倒在地。石頭人以為當鋪老闆已經喪生，站在當鋪老闆屍體旁，坦承自己「過了這麼多年才來懺悔」，並用希伯來語背誦了示瑪[55]（Shema），可能是猶太教最有力量的祈禱文。

謝克柏格隨後恢復了意識，因為石頭人的祈禱而大受感動。他說：「班，很高興看到你沒有忘記在教堂學到的東西，真好！這些年來，你每次上新聞時，那些記者都沒提到你的猶太人身份。我還以為你可能有點以自己的出身為恥？」

「不是的，沒這回事！」石頭人搖了搖頭。「任何人隨時可以在網路上找到我的背景資訊。我只是……沒說出來而已，就只是這樣。我認為這個世界已經夠多麻煩了，再讓人們覺得猶太人都是像我一樣的怪物，豈不是更糟糕！。」

他們聊了一會兒，然後謝克柏格挑明了說：「還記得魔像的故事嗎，班？他是個黏土人……但他不是怪物。他是保護大家的人。」這個故事接近尾聲時，謝克柏格為石頭人戴上了有大衛之星[56]的項鍊，因為他認為即使石頭人身為現代的保護者，自己也需要受到保護。[4]

石頭人的故事既像是英雄故事，又像警世故事。他再次和魔像一樣，不斷提醒著我們讀者，少數被選上的人將永遠受到敵人的迫害，他們經常需要強力地捍衛自己，而且必須小心謹慎，因為真理與死亡之間始終只有一個字母的距離。這些複雜性使得石頭人不僅僅是傑克凍人那種有缺陷又遭遇麻煩的英雄，而是在漫畫家筆下化身為「令人狂喜著迷的真實」。這個人物可能是虛構的，但實在太過真實了，因而不可能不存在這個世間。

55 虔誠的猶太教徒，在每日的早晚、贖罪日結束時，甚至自己或親友臨終前，都會誦讀三段《聖經》經文，統稱為「示瑪」。

56 大衛之星是兩個正三角形疊合而成的六角星形，是以色列國旗中央的圖形，象徵猶太教及猶太文化。

石頭人的逼真人性，令他也成為一票猶太英雄的其中一員，就如同英國外交官達夫・庫珀（Duff Cooper）眼裡的大衛王[57]（King David）一樣，他曾說：「必定曾真實存在於世上，而且其中大部分的特質必定是真實的，因為沒有人會刻意創造具有如此嚴重缺陷的民族英雄。」[5]

另一方面，理查茲就沒那麼明顯易懂了。當他發現自己的彈性超能力時，他大聲吶喊：「我怎麼了？這是怎麼回事？」聽起來像一個剛脫離附身狀態的人會說的話。[6]沒錯，確實如此。仔細看理查茲的舉止和動機，我們可以把他放到另一種超自然的猶太傳統中，那就是「附鬼」（dybbuk）狀態。儘管在今天，一般通常認為附鬼是一種邪靈，會侵入無辜受害者的體內，但它的緣起更錯綜複雜，而且跟伴隨哈西迪運動（Hasidic movement）興起而蓬勃發展的神祕主義有關。

當十八世紀第一批哈西迪大師出現在東歐舞台上，大部分是基於對猶太教的回應。他們認為傳統猶太教過於強調律法，對精神卻沒有足夠的重視，因此這批哈西迪猶太教徒突破傳統的虔誠壁壘，以一種入神（ecstatic）的全新方式崇拜神。他們敬神的方法通常包含吟誦、跳舞和其他身體活動。他們的行為經常讓批評他們的人出言嘲笑是一群瘋子，但是這些大師反駁說，瘋狂，無非就是一種試圖超脫的表現。一個看似被外靈占據的人，可能就只是一個擁有狂喜靈魂的人，以至於他拋棄了諸如理性之類的世俗事物，試圖效忠神性。

他們有時會用「devekut」這個詞來描述這種情況，這是希伯來文「忠誠」(adherence)的意思。哈西迪猶太教學者茲維．馬克(Zvi Mark)寫道：「我們在受devekut啟發的狀態與附鬼所煽動的瘋狂狀態之間做了確實的比較。在這兩種情況下，主體都失去了自我控制，被入侵或常駐在他／她身體裡的陌生存在所占據。這個外來之物，決定了主體的行為。兩種情況的共同特色是，當事人都會跟周遭的環境脫節。」[7]

理查茲是科學家，他不滿足於只在大學和研究機構這類傳統環境中進行研究。他是核能時代的哈西迪，渴望更接近自己的根源，並希望解開他鑽研的知識領域的所有奧

57 大衛王是英勇善戰的戰士，守衛以色列人民免受敵軍的威脅，後來成為以色列的君主，對上帝抱持虔敬的信仰。但因為愛上婦人拔示巴（Bathsheba）而陷害她的丈夫烏利亞，留下一生中最大的汙點。

祕。在四人小組鑽進宇宙飛船內的時候，理查茲告訴其他人：「沒時間等待官方許可了！」這艘宇宙飛船是他多年來奮力為政府打造的。[8]在史丹・李的原始備忘錄中，理查茲的目的地是火星，但是在出版的漫畫裡出現了轉折，變成一個形而上的描述。當他們乘坐的火箭發射到外太空時，漫畫框中的圖說是：「在守衛來得及阻止他們之前，理查茲花費多年時間建造的那艘巨大太空船正飛向天界……」[9]

理查茲不斷展現這種「忠誠」和狂熱的特質。隨著漫畫一冊冊的劇情發展，他看起來越來越像一個遭到附身的男人。其他人都有各自的社交生活形跡——像是石頭人和霹靂火在胡鬧鬼混，而到目前為止，團隊裡最冰雪聰明、最能在超人和人類生活之間維持平衡的成員隱形女，則盡了她最大努力讓這兩人不要闖禍——理查茲卻經常關在他的實驗室裡研究這個或那個新玩意，卻從來沒有什麼成果。

這其實是這部漫畫最高段的笑話之一。理查茲，據說是這個世上最聰明的人，發明了一大堆小玩意兒——比如一台飛車！摩天大樓頂層上一塊可供他們四人停駐的強化平台！——但他從未發明什麼能為世界帶來真正救贖的東西。石頭人又一次毫不遲疑地提醒了他這一點。例如在某次的冒險中，理查茲責罵這個魁梧的同僚干擾了他的科學工作，因為當霹靂火正在淋浴、將熱水調到最大時，石頭人偷偷摸摸溜到少年背後，讓霹靂火嚇了一大跳，整個燃燒起來，把他們的公寓燒到烏煙瘴氣。

「我正在進行一項新的火箭燃料實驗，本來差不多要有成果了，結果又被你們打斷！」理查茲用他一貫冗長的說話方式抱怨。

石頭人回答：「了不起，但我們已經有火箭燃料了，不是嗎？」[10]

石頭人說得沒錯，令理查茲沮喪地加倍埋頭苦幹。

這四人的最大敵人是末日博士，這並非偶然。末日博士是理查茲以前的同學，他也像理查茲一樣，執迷於獲取神的知識；不同於驚奇先生的是，他願意轉而投入黑暗魔法的懷抱，只求實現他的目標。但他和理查茲又沒有太大不同，這就是這個戴著鋼鐵面罩的壞蛋如此恐怖的原因。若情況稍有不同，他可能就加入驚奇四超人的團隊了。如今，他不僅在漫畫中設下邪惡的陷阱，還教了理查茲那些遭「附鬼」附身的人必須學習的一課：謙遜和悔改的課題。

熱衷於講述故事的老哈西迪大師們，留下了一個又一個「附鬼」附身人類的故事。這種附身狀態，只有在人類恢復虔誠之心後才會結束。通常，附鬼本身——失落、遊蕩的靈魂——必須先改正自己的道路，才能享有安寧的來世。那些故事中的拉比，精通於幫助靈魂轉生(Giggul neshamot)。他們可以辨認出附鬼的前世，找出是什麼罪造成附鬼現在凶惡的形貌，然後在附鬼修正的過程中加以引導，幫助這些鬼魂重歸正當之道。

理查茲的案例較為複雜，因為他被自己創造的惡魔占據了：他的虛榮和傲慢驅使他飛向太空，結果在那裡被某種外靈侵入他的身體，然後以理查茲無法理解、也無法完全掌控的方式指揮他的身軀。

附身的主題本來一直只在背景嗡嗡作響，直到《驚奇四超人》第十期才成為中心主題。這一期漫畫，至今仍然是《驚奇四超人》系列中最受歡迎的幾集之一。傑克・科比和史丹・李出現在這集漫畫的封面上——顯示他們這部新漫畫在不到一年的時間內已經變得多麼受歡迎——迎接末日博士的到訪。

末日博士在前一次試圖擊潰驚奇四超人失敗之後，漂流到了外太空。如今，這個戴著面罩的危險人物帶著他所謂「神祕科學」回來復仇了。他遇到了他稱為「歐沃伊」（Ovoids）的外星種族，從他們那裡學到這種神祕的科學。外星種族的主要技能包含轉換靈魂的能力，一種類似「附鬼」附身的舉動，讓這些外星人能在年邁的身體變得虛弱無力時，可以輕鬆進入新的身體內。

末日博士利用這種奇怪的新力量，跟驚奇先生交換了身體，並擬訂了從小組內部摧毀驚奇四超人的計畫。這個故事跟精采的哈西迪故事一樣——只有當附鬼虛心悔悟時，附身的狀態才能結束——驚奇先生向他的朋友們展現他的善良天性，也說服了他們：即使他被困在末日博士醜陋的軀殼裡，但他才是真正的理查茲。

「驚奇先生是附鬼」這段情節，就如同石頭人是現代的魔像一樣，至少在某種程度上，也應該解讀成某種警告。當美國見到贏得太空競賽的曙光，驚奇先生是來提醒我們，人類對於探索的渴望，就算它是正面、健康的，也應該一直受到約束，世人必須體認到：我們永遠不能將真正的宇宙奧祕完全攤在陽光下。這些奧祕只有神有權知曉。良善比偉大重要——對一個處在冷戰陣痛中的國家來說，這種說法不太容易成為主流論調。

然而，隨著六〇年代到來，正是這種覺醒的聲音引發了各地人民的共鳴。舉例來說，披頭四並未推出更多《愛我》（*Love Me Do*）這一類歌曲，而是開始探索更高層次的作品。約翰・藍儂（John Lennon）要求錄音師，將他的聲音從調音台傳送到錄音間的揚聲器，因為他想讓《未知明日》（*Tomorrow Never Knows*）這首歌聽起來「就像是達賴喇嘛和成千上萬的藏族僧侶在山頂唸誦經文」。[11]日後，當他談到自己要比耶穌更偉大時，他不只是大膽狂妄而已，而是準確表達了他想要獲取古老精神能量的願望。如今，這些精神能量，與其說能讓信徒少至的猶太會堂或教堂內疲憊的神職人員更有活力，反倒更有可能為搖滾樂注入生命力。

《驚奇四超人》率先達陣了。一些吉他演奏家、電影製片人和畫家，以及幾乎其他所有創造性工作者，開始向清教徒傳統那一套「現代主義對決原教旨主義」的範式（paradigm）挑戰——在一個被這兩種價值觀淹沒的世界裡，這套範式顯然沒什麼幫助——但早在那之前，史丹・李和科比這兩名猶太裔男孩，開創了一個宇宙；它和我們的世界十分相似，但是更錯綜複雜、更引人入勝。他們倆不擁護極端主義和二分法。將世界一分為二對真實的人類來說，太過極端、太不友善。畢竟，沒有人是百分之百的現代主義改革家，也沒有人是徹頭徹尾的原教旨主義狂熱份子。

史丹．李和科比創造了一個世界，人們在其中所能期盼的最美好事物，不是承蒙穿著緊身衣的神現身拯救，而是靠人們艱苦地攜手合作，讓生活更美好一些。他們提醒讀者，運用過多的力量，擁有過度的信仰，是一枚不可靠、難以預測的硬幣的兩面。如果「救贖之路」真的存在，要通往這條道路，需要的是謙卑、友善和犧牲，而不是傳統上與漫畫中那種萬能超級英雄所具備的特質。

當然，你不必考慮《驚奇四超人》的無限深度，也能夠好好欣賞這部作品。科比一直是個傑出的藝術家，將這系列作品提升到新高度，彷彿現代的戈雅[58]（Goya）一般，捕捉到受苦靈魂的滄桑和折磨。例如，當末日博士企圖控制驚奇先生的身體卻慘遭挫敗時，科比給了我們一個反派人物的特寫，背景是怵目驚心的紅色，在某個稍縱即逝的瞬間，讓末日博士的臉上浮現一個神情。我們看到一個男人承受著痛苦與傷害。他為一個目標

58 十八世紀到十九世紀初的西班牙浪漫主義畫家。

奉獻了一輩子，如今眼睜睜看著它消逝破滅。

但是，如果說這些角色的面孔洋溢著豐沛的情感，那麼畫面的背景會不斷提醒你，這個故事在回應更高層次的呼喚。科比在強烈的色塊中引爆紅色、黃色或橙色斑點，運用黑色不規則碎片作為負空間[59]，創造出一種被稱為「科比爆裂」[60]（Kirby Crackle）的效果。它毋須訴諸隻字片語，就讓讀者知道：他們正在體驗的不是純粹的孩童式情節，這種閱讀體驗更接近狂喜的啟示。

一位評論家後來寫道：「對於科比來說，人體是一種能量的體現，或者說是某種結晶體，將最終仍無法解釋的能量具體呈現出來，是某一種超級形體……梅斯梅爾（Mesmer）將這種能量稱為動物磁性[61]，瑞辛巴赫（Reichenbach）則稱之為藍色自然力[62]（the blue od），而瑞辛巴赫眼裡的輻射狀藍色宇宙奧剛能量（orgone），成了科比筆下的標誌性能量，透過「爆炸線」和獨特的黑色黏滴狀圓點構成的能量場來表現。最終的效果是一種意象，人類成了一具凍結的能量體，宛如原子彈，可以釋放出驚人的效果，不論是善是惡。這些形而上的能量……構成了科比藝術的祕密泉源。」[12]

而且，一如既往的，史丹．李是個特別會編織神話的天才。這一點，從這本漫畫的內容就可以得知。驚奇四超人大多數冒險的開端，是四位主角在他們時髦的總部裡懶洋洋地消磨時間。他們悠閒地把兩腳放在沙發上，彼此羞辱一番，然後出動拯救世界，不情願地並肩作戰。隨著時間的流逝，他們的爭執越發黑暗，例如在海底人轉為支援四超人對抗邪惡的末日博士之後，隱形女就對他產生了感情，這種錯綜複雜的糾葛，令她和驚奇先生的婚約陷入危險。

但史丹．李絕大部分的魔力，更明顯發揮在只能被稱為「行銷形上學」的這方面，包括將《驚奇四超人》加冕為世界上最偉大的漫畫，或是將自己和科比插入故事中，毫不掩飾地告訴讀者，他們正在進入一座新的萬神殿，這座神殿居住的新神祇不會令他們失望。

59 負空間是藝術作品中，物品之間和主要元素之外的空白空間，可當作背景。
60 「科比爆裂」的作畫方式，以圓圈碎片圖案表現周圍能量。在科幻及超級英雄漫畫中，常使用於爆炸、外太空、煙霧等場景。
61 十八世紀德國醫師，提倡以催眠術治療病人，宣稱在所有生命體和無生命體之間，有種稱為「動物磁性」的能量在流竄，若人身上的動物磁性無法順暢流通就會生病，而他能透過此種能量治療疾病。
62 自然力是由十九世紀中葉德國男爵瑞辛巴赫賦予的假想生命能量名稱。

讀者也認可了史丹・李為作品包裝出的形象。成百上千封信件蜂擁而至。史丹・李再也沒提起辭職的事。《驚奇四超人》首次亮相後不久，甚至連銷售數字都還沒有看到，古德曼便將公司名稱從「及時」改成「亞特拉斯」，然後又改名為「漫威」(Marvel)，並趕忙叫史丹・李再創造出同樣的英雄團隊作品。

但是史丹・李另有想法。

CHAPTER 6
不一樣的英雄：浩克

推出《驚奇四超人》這種紅極一時的作品後，接下來還能創作什麼樣的漫畫？漫畫史為史丹・李提供了清晰的藍圖：做同樣的事情，但又要稍有變化。古德曼希望公司能再創造另一隊可愛又會互相吵嘴的英雄，每個人都各有自己的缺點。

「我到現在都還記得古德曼問我下一個新團隊要放進多少英雄之後，他臉上是什麼表情。」史丹・李後來在自傳中寫道。「當我告訴他，下一個系列作品不會以團隊為賣點時，你真該要看看他臉上的表情。下一部作品只會有一個超級英雄。哦，順便跟你說醫聲，我希望那個英雄是個怪物。」[1]

一如既往，你很難從總是閃爍其詞的史丹・李口中確切得知是什麼啟發了他這個點子。根據某一派理論的說法，史丹・李在讀《驚奇四超人》的漫迷來信時，注意到大部分粉絲喜愛的對象都是石頭人。他的情感跟他的拳頭一樣，都很直接了當。這個岩石般的巨人成了「驚奇四超人」團隊的本我（id）象徵，他的怨恨或慾望很少昇華到更高境界，而這使他成為四超人團隊中最容易讓讀者產生情感共鳴的成員。

然而，史丹・李不久後創造的新英雄將不會擁有石頭人的獸性魅力：一位科學家在自己的發明所爆發的威力下將自己變成了怪物，當他變回人類時，喜歡沉思又行事低調，變身野獸時則輕蔑而狂妄。史丹．李新創造出的人物，不同於《科學怪人》中的怪物或「鐘樓怪人」加西莫多（史丹．李經常引已為例的靈感來源），完全不是上述這種不被理解、跟社會格格不入的角色。連他的皮膚顏色（某種陰沉的灰色），也是史丹．李設計來暗示「不可思議的浩克」（the Incredible Hulk）屬於另一種、超自然的領域。

故事場景設定在新墨西哥州。在科比的想像詮釋下，新墨西哥州變得不僅僅是一個州，而是一種心理狀態。第一格漫畫介紹了一個忙著生或忙著死的風景，龜裂的土地，陡峭的懸崖峭壁，無一不沉浸在米黃色調下——在我們想像中，這個世界在顏色誕生之前會有的那種米黃色調。這個場景的正中央，伸出一根淺藍色的太空時代探測杖，配上史丹．李典型的強有力圖說告訴我們：「人類創造了最可怕的武器——驚天動地的G炸彈！」[2]

兩格之後，我們遇到了炸彈的製造者。科比神來一筆地將炸彈製造者巧妙地框進碉堡的玻璃窗內。這個角色躲藏在碉堡中，等著測試他打造的武器。他是天才科學家布魯斯·班納(Dr. Bruce Banner)，我們先是看到他叼著煙斗，神情飄忽又帶著些許憂慮。他身後站著另一個皺著眉頭的人，說道：「從一開始我就反對你這麼做，班納。現在我也仍然反對！太危險了！」[3]

很快地，我們就陷入一場戲劇化風暴。這裡的劇情跟曾經困擾驚奇先生團隊的事件截然不同。這是某種小規模的辦公室政治角力。出聲反對的伊戈爾(Igor)繼續纏著班納不放。他認為如此具毀滅性的新發明物，絕對應該交給一個科學家團隊檢驗細查，而非單由一名物理學家包辦，不論他有多天才或多自負。班納幾乎沒有時間回應伊戈爾，羅斯將軍就闖進門來。負責監督軍方這個G炸彈計畫的他，急著進行試爆，批評班納和他的同僚過於小心謹慎。他大吼：武器應該交給士兵，而不是戴眼鏡的書呆子。

和伊戈爾一樣，羅斯將軍展現出的態度也能贏得讀者支持。班納本人似乎是唯一設定成無法讓讀者贊同的角色。例如，當伊戈爾再次請求班納讓其他科學家參與G炸彈的研究——他大喊：「萬一有什麼差錯，你可能會炸掉半個美洲大陸！」——班納只是冷冷看著他說：「我不會犯錯，伊戈爾。」[4]

任何希望這位狂妄科學家自食其果的人，都不必等太久：當試爆開始倒數計時，班納發現有一名青少年正開著車穿越測試現場，他急忙衝去拯救男孩的性命，並指示伊戈爾延遲發射炸彈，但伊戈爾沒有照辦，而班納僅剩的時間只夠他把男孩丟進附近的防護溝渠裡，自己因此吸收了巨大、神祕的伽馬射線輻射。他足足哭喊了好幾個小時，飽受痛苦的折磨，但是隨著夜幕降臨，他變身成一個可怕的分身：不可思議的浩克。

接下來的劇情走向，遠沒有先前明朗。隨著這系列作品的推進，浩克經歷了深刻而本質性的變化，其程度也許比史丹·李創造的任何其他角色都還多，例如他的皮膚很快就變成綠色了。這主要是因為史丹·李和科比發現，使用一般印刷機和廉價紙張無法始終如一地印出浩克的淺灰色，使他有時會變黑，有時又變成灰白色。更重要的是，他的本體也很快發生了轉變。本來他是化身博士[63]那種野獸，像鐘錶發條那樣精準，在夜幕降臨時變得巨大而邪惡，後來又變成一種極其複雜的生物，只有在班納脾氣失控時，才會化身為浩克。

63 參見一三七頁。

「不用說（但我還是要說），《不可思議的浩克》受到漫迷的熱烈歡迎。」史丹．李後來寫道。「我們手上又多了一部風靡讀者的作品。」[5]

不幸的是，這與事實相去甚遠，或者說，它並非字面上的事實。浩克只出版了六本就被腰斬了。由於那個時代要好幾個月才能取得確切的銷售數字，古德曼必定是基於他著名的直覺而決定中止出版這部漫畫；直覺可能告訴他，這位新英雄實在太奇特，很難發揚光大。事實上，幾年後當史丹．李和科比重新推出浩克自己的系列時，浩克是一小票大學生的熱門話題人物。這些大學生將他視為某種反傳統的主角，這種反英雄人物在一九六〇年代後期的反主流文化中受到讀者的頌讚，讓這個綠色巨人擁有某種威望，給了這個角色第二次機會，也證明了他足以在漫畫市場生存下去。但是，當你閱讀最初始那幾集《浩克》，你會發現史丹．李在藝術家的道路上取得多麼巨大的進步，以及他的視野有多麼野心勃勃、深受《聖經》的啟發。

在《驚奇四超人》中，史丹．李拒絕了美國新教徒式的老派乏味戲碼，也就是原教旨主義與現代主義的對抗，這種文化讓人非常厭倦。他和科比用更大膽的二分法——魔像與附鬼——來取代：前者呼籲讀者要永遠保持警惕，有時甚至要高度警戒；後者則教導讀者謙遜的課題，並提醒人們，萬物最深遠的奧祕不應該由我們來解答。他們的作品不再懷抱第一代移民式的焦慮幻想，而是昇華他們祖國的價值觀。第一代移民回應自己那份不安的方式，是將它化為來自外太空的神奇移民，他身穿緊身衣和披風，可以飛翔，但必須在可疑的外邦人面前，隱藏自己的真實身份。相反地，不論是否有意識為之，史丹・李和科比傳達了深刻的猶太觀，並且看著精神上已經鬆動的美國熱情擁抱它。現在，是時候往前更進一步了。

按照史丹・李的說法，浩克不是人類的保護者，也不像科學怪人那樣是人類傲慢的化身。浩克本身就代表人類，正在努力理解自己的恐怖和美麗。

該怎麼好好去理解一個承擔如此繁重任務的生物呢？我們很自然會想到《化身博士》中的傑基爾和海德[64]（Jekyll and Hyde）。但是，不同於這個小說中的主角，班納和浩克不

64 《化身博士》是羅伯特・路易斯・史蒂文森（Robert Louis Stevenson）的作品。主角傑基爾是位體面的醫生，喝下自己調配出的化學藥水後，就會變身成邪惡的海德，釋放他原本壓抑的惡毒人格。

是分別代表純粹善良和純粹邪惡的化身。事實上，他們是一個雙螺旋結構，承載著同一件問題的各個層面，而且，根據情況的不同，這兩種人格可以互相交換強與弱、睿智與愚蠢、豪勇與惡毒。要理解這錯綜複雜的二元性，最好的辦法是，我們需要從〈孤獨的信仰之人〉（The Lonely Man of Faith）角度著手思考。

「孤獨的信仰之人」這個詞出自猶太哲學家「拉比」約瑟夫．B．索洛維奇（Rabbi Joseph B. Soloveitchik）發表於一九六五年的一篇文章。他的影響力是如此獨特，以至於世人以簡稱的「Rav」名號來稱呼他。他在文章裡說，現代人困境的本質，可以濃縮為令人痛苦的三個字：我孤獨。班納和浩克可能都會拿這三個字當他們的座右銘。索洛維奇繼續指出，它幾乎是人性先天上的設計使然。他建議，如果你想了解困擾我們這麼多猶太人的那種空虛感，就來看看上帝造人的故事。

或者，更確切地說，是關於創造的故事。〈創世記〉的前兩章向我們介紹了我們人類如何生成的兩個版本，兩者不兼容。《聖經》的第一章告訴我們：「神就照著自己的形像造人，乃是照著他的形像造男造女。神就賜福給他們，又對他們說：『要生養眾多，遍滿地面，治理這地，也要管理海裡的魚、空中的鳥和地上各樣行動的活物。』」[6]

索洛維奇稱這個神的造物為第一個亞當。他說，這個亞當的座右銘是「仿效神」（Imitatio Dei）。第一個亞當渴望像上帝一樣。他不斷創造新事物，並且以他的形象重新塑造自己的世界，來達成「像神一樣」這個目標。

「第一個亞當最具特色的代表是數學科學家。」索洛維奇寫道。「他使我們遠離有形事物，包括顏色和聲音、熱量、觸覺和氣味，這些我們的感官唯一可感知的現象。他帶領我們進入一個由思想、概念在形式上的相對關係所構築的世界。這個世界，是他透過『任意』假設、自發性提問與推論，而獲致的成果。」[7]這個亞當總是在問，要如何才能「超越合理、可信範疇的限制，冒險進入無限宇宙的無垠空間」，[8]卻不去問做這一切的理由是什麼。

簡而言之，這個數學科學家就是布魯斯．班納。我們看到這位傑出科學家與同僚交手的小衝突，這種安排是有用意的。對第一個亞當來說，全世界都是他的研究課題。這就是為什麼，在這個敘事中，我們人類於時間的開端不是被設計為孤身一人的存在，而是兩個人，一個男人和一個女人，彼此是在勞動和榮耀中的夥伴。

《聖經・傳道書》告訴我們：「兩個人總比一個人好，因為二人勞碌同得美好的果效。若是跌倒，這人可以扶起他的同伴；若是孤身跌倒，沒有別人扶起他來，這人就有禍了。」[9]但是兩個人之間，也會出現認可、尊重、地位和權力之間的角力。班納是典型的第一個亞當，掙扎著在競爭與合作之間尋求平衡，一種看似無望的追求。

然後是第二個亞當[65]的登場。基於某些尚未能被真正解釋的原因，《聖經・創世記》一解釋完對第一個造物的說明，便急忙向我們描述第二個造物。第二個造物與第一個全然相反。它告訴我們：「耶和華神用地上的塵土造人，將生氣吹在他鼻孔裡，他就成了有靈的活人，名叫亞當。耶和華神將那人安置在伊甸園，使他修理看守。耶和華神使他沉睡，他就睡了；於是取下他的一條肋骨，又把肉合起來。耶和華神就用那人身上所取的肋骨造成一個女人，領她到那人跟前。那人說：『這是我骨中的骨，肉中的肉，可以稱她為女人，因為她是從男人身上取出來的。』因此，人要離開父母，與妻子連合，二人成為一體。」[10]

在第二個亞當與第一個的各種差異中，有兩點特別引人注目。首先，上帝並未同時創造男人和女人，而是用亞當的肋骨塑造夏娃。其次，人類並未在世間享有統治權（上帝沒有允許人類依自己的形象重建世界的秩序），而是被任命為世界的守護者和保管人，這位細心的看守者被任命要「修復、看守世界」。於是，第二個亞當對成就不感興趣，反而比較關心形而上層面。與造物主比較親近的他，希望能更理解自己與造物主之間這種超脫世俗的關係。在這段關係中，身為其中一方的上帝雖然在場，卻永遠保持沉默。

索洛維奇指出：「第二個亞當不斷在思考：那個無時無刻不跟著我的『他』究竟是誰？他不請自來，我也不需要他，但他就像永恆的影子一樣跟著我。那個神祕、可畏、不可思議的他，在我轉身面對他的一瞬間，便消失在超然存在的幽深之處。」[11]

這段想像的獨白，雖然可能有點高深，但其實也能用來表達浩克的內心世界。在漫畫第一集中最令人心碎的一刻，這個剛逃離軍隊追捕的灰色巨人在沙漠中徘徊，想知道

65 根據《聖經．哥林多前書》十五章四十七節：「第一個人是出於地，是屬塵土的；第二個人是出於天。」第二個亞當屬於天，即耶穌基督。

下一步該怎麼走。朦朧暗淡的回憶引領著他走向一排平房。儘管他無法想起原因，但他確定當中的第三間是呼喚他的地方。當他進入那間房子，我們理解了浩克無法理解的一件事：這是布魯斯．班納的家。在那兒，浩克與伊戈爾短暫交鋒（這個有著斯拉夫名字的同事結果是個蘇聯間諜，這一點就那個時代來說一點也不奇怪），最後用他的巨手捏碎了伊戈爾的手槍，也嘲弄了勤奮的人類——那些第一個亞當們——如此敬畏的進步科技一番。但戰鬥結束後，浩克又陷入了沉思。

「布魯斯．班納！」他沉吟。「為什麼這幾個字一直徘徊在我的腦海？這個名字對我到底有什麼意義？」[12]

這個問題是浩克系列的精華所在。浩克之所以有意思，不是因為這個角色的主要情節。這部漫畫與《驚奇四超人》不同，浩克從未像末日博士那樣擁有一個他可以操控的勁敵，而他人格分裂的掙扎意味著：不論在他是浩克或班納的時候，都不可能擁有真正的人際關係。這個角色會有趣，是由於他的生存困境。一部分的他，希望專注於世俗的成就、進步與事業；另一部分的他則認為生命有更多的面向，並且想找到救贖；這份救牘，只有當你耗盡清醒時的每一個瞬間去努力接近自身淵源的奧祕，才有可能到來。

所以，浩克後來在全美國大學生中吸引到一群忠誠讀者，這件事真的值得驚訝嗎？他的存在所面臨的核心問題，也是盤踞在那些仍在努力理解生命意義的年輕人心頭不去的問題，那就是：孤獨。

如果你不願屈服於孤獨這種幾欲壓垮你的重量，不想接受你不僅無法認識身邊的人、連認識你自己都是一場艱苦的戰鬥，那麼你該如何在這個世界上奮戰下去？

索洛維奇為這個難題提供了根本的答案。解答不是第一個亞當所屬的社會，那只是個基於共同利益而建立的交易部落。它容易令你沮喪失望，例如當你發現自己的團隊成員原來一直是蘇聯間諜時，你會感受到的那種勢不可擋的失望。索洛維奇提出的答案，是第二個亞當建立的那種盟約社會。在這種社會下，人類不僅倚靠他人，也倚靠上帝。亞當和夏娃本身就是兩個孤獨的人，他們也像其他兩兩孤獨的人一樣，彼此無法交流。隨著上帝的出現，他們在三向交流的過程中，得到昇華、轉變，成為彼此的夥伴，找到節奏與意義。他們不只成為生產上的夥伴，也成為神聖的團隊。

然而，這種幸福的規畫若要成立，兩個亞當必須認知到彼此是相同的、一體的，而且彼此之間的內部鬥爭是永恆的。兩個亞當必須了解：他們都是創造的內在組成一部分，而且假如一個人只是努力成為其中一種亞當，他將永遠都不會是完整的。

儘管如此，這兩者仍然經常陷入衝突，一九六〇年代中期，衝突似乎比以往任何時候都更加激烈：第一個亞當這時掌握了前往太空、製造可摧毀地球的炸彈等相關知識，似乎比以往任何時候都更加自負，看不慣第二個亞當和他不理性的處事方式。第二個亞當回應的方式，則似乎很容易讓他陷入狂熱，會召喚自身的精神力量去懲罰邪惡的唯物主義者（二十世紀後期有少數激進分子也擁有這種本能，在他們急忙投擲炸彈、射擊他們眼前所見的一切時展現無遺）。當浩克拿著班納的照片大喊：「傻瓜！我很高興發生了這件事！我寧願做我自己，也不要當照片中那個弱小膽怯的男人。我不要你和我在一起！我不需要你！我不需要任何人！」[13]這時的他聽起來宛如「地下氣象組織」[66]（Weather Underground）前身的成員。

但是浩克需要班納，就像班納也非常需要浩克。這種互相依存的不安狀態，在兩名關係人物瑞克．瓊斯和貝蒂．羅斯的幫助下，得以獲得解決。

第一位關係人物是青少年瑞．瓊斯，班納曾經在炸彈測試現場救了他的生命。身為孤兒的瓊斯，決定奉獻生命來服務自己的恩人。史丹．李在某次挖掘自己曾經十分輕視的助手角色時，賦予了瑞克．瓊斯不同於以往單純少年的形象。他的工作不再只是看著英雄展現奇蹟而已。相反地，史丹．李讓瓊斯成為頭腦冷靜的年輕人，交給這個青少年不可能任務：向班納解釋浩克的意思，又對浩克解釋班納的意思。他擔任兩者之間的和平守護者，艱辛地將英雄破碎的自我拼湊在一起。

貝蒂．羅斯也是如此。她是羅斯將軍的女兒。將軍對班納的鋒芒感到不滿。這種設定意味著劇情會安排貝蒂愛上這位備受折磨的天才科學家，而每當浩克出現時，她都會感覺到一種同樣的心動，令貝蒂為此深感困惑。而且，不論這位物理學家或那個沉思的野獸，似乎都沒辦法在她面前待上幾分鐘，都會莫名其妙消失不見，這件事更是加劇了

66 二十世紀七〇年代的狂熱左派組織，曾經密謀推翻美國政府。組織名稱典故出自鮑布．迪倫的歌曲《地下思鄉藍調》（*Subterranean Homesick Blues*）其中一句歌詞。

她的迷惑。

這系列的故事在講述所有人該如何一起學習建立盟約關係、接受創造的奧祕（在浩克的案例中，是班納創造了浩克，又重生為浩克），並學會彼此相愛、互相扶持，盡力克服這許多他們既無法理解、也無法掌控的難題。

這並非傳統那種讓穿著披風的聖鬥士四處行俠仗義的故事。幾年後，有位評論家撰寫關於浩克的評論，說出了他對這個綠巨人到底具有什麼意義的疑惑：「主人翁簡直悲慘到了極點：他經常暫時失去知覺，心裡滿懷恐懼、罪惡感，還有對將軍女兒貝蒂的單相思。你可以稱浩克為超級英雄，但是他到底曾經把誰從哪裡拯救出來過？」[14]後來證明，連史丹・李本人也無法回答這個問題。

一九六三年，浩克現身的一年後，史丹・李不只忙著創造自己的作品，還投入了他更偉大的創作：史丹・李的神話。當時的一則八卦報導，記錄了史丹・李企圖塑造的魅力形象，儼然一位身處瞬息萬變之媒體世界中心位置的資深編輯。

這篇報導描寫道：「作家兼藝術總監史丹・李和他美麗的英國籍妻子瓊恩，於週六晚間舉辦了一場歡樂的泳池派對，地點在理查茲巷一幢擁有一百二十五年歷史的殖民地風格宅邸中。史丹．李的夫人瓊恩一如既往賞心悅目，金色鬈髮高高盤起，身穿黑白相間的格紋晚禮服，腰間裝飾著一束雛菊。現場引人注目、充滿魅力與才華的來賓包括大衛．曼蘇爾（David Mansure），他是來自南美洲哥倫比亞的畫家、古根漢獎學金（Guggenheim Fellowship）得主，還有雜誌發行人馬丁．古德曼和他的妻子琴，以及肯尼斯．巴爾德（Kenneth Bald）夫婦，巴爾德是繪製漫畫《基爾德醫生》（*Dr. Kildare*）的藝術家；其他尚有電視廣告播音員凱．道得（Kay Dowd）和斯坦利．索耶（Stanley Sawyer）……」[15]

但是，當史丹．李在游泳池旁閒逛時，新一代的大學生正在深入研究他的作品。到了一九六五年，浩克躋身《君子》雜誌（*Esquire*）的榜單，成為排行榜上在美國校園最受敬重的前二十八名人物之一，與約翰．甘迺迪和鮑布．迪倫同列其上。

「漫威經常將偽科學的想像力延伸到其他維度的幻境、時間與空間的難題，甚至是半神學的創造概念上。」康奈爾大學的一名學生在表達對浩克的熱愛時是這麼說的。「他們將這些情境描繪得如此絢麗奪目，讓讀者產生身歷其境的幻覺。就連簡單的凡人英雄故事，每一格的構圖也都描繪得有如奧森・威爾斯導演電影中的藝術展現。」[16]

不過，浩克並非史丹・李創作的角色中唯一進入榜單的人物。另一位他全新創作的英雄也榜上有名，而且比那位變成怪物的科學家還令人意想不到。他也許是史丹・李筆下最棒、最令人難忘的創作人物。這名青少年將在故事中學習的課題是關於力量、責任，以及自由意志。

CHAPTER 7
能力越強，責任越大：蜘蛛人

在馬丁・古德曼的世界裡，榮譽總是只有短短的保存期限。既然他那個常年辛苦的明星編輯一直創造出賺錢的熱門作品，這位出版商很樂意給史丹・李一點實驗的自由。

但是，隨著浩克在市場上的失敗，古德曼明白指示史丹・李創作更傳統的超級英雄，那種多多採取行動、不會花那麼多時間思考的英雄。那時候，古德曼賺錢像開水龍頭一樣，每天在辦公室只待兩、三個小時，跟他的業務經理好夥伴一起玩拼字遊戲。史丹・李不會公開挑戰僱主，只是讓不滿在心裡慢慢發酵。在公司裡，史丹・李身為全職的藝術家，剛交出了《驚奇四超人》，自認為是一部永遠改變了漫畫史的傑作，而老闆古德曼，表現得像還停留在情勢變化無常的一九四〇年代，跟風複製大量低劣作品。

史丹・李・在幾十年後告訴一位採訪者：「古德曼認為只有非常非常年幼的孩童或愚蠢的成年人才會看漫畫。如果我能避免的話，他不希望我用到兩個音節以上的單字，不希望我強調人物的性格塑造，也不要角色進行過多對話，只需要採取很多行動就夠了。」史丹・李接著補充說，這是「一份工作，我必須遵照他的指示辦事。」[1]

古德曼要史丹・李創造更多超級英雄的指示，讓史丹・李既苦惱又覺得棘手。史丹・李知道，古德曼這種出版商是從潮流的角度思考：就像先前出現一堆以西部為主題的漫畫，接著是浪漫故事、怪獸和冷酷的偵探，古德曼認為超級英雄只是一時的風潮，在這種狂熱消褪之前可以好好利用。但是史丹・李已經確信超級英雄不只是一時的消遣，他們是美國新戲劇的主角，背後的創作者則是猶太人。這些猶太裔創作者在精神上因為經濟大蕭條和納粹大屠殺而傷痕累累，但也在忙著以宣揚新教徒式幻想討生活之餘，渴望創造出更有意義的作品。當時的美國，因為幾十年來的艱辛生活和戰爭帶來的創傷，使他們很晚才接受這些美國新戲劇。早在流行文化藝術家開始處理權力、正義與責任這些議題的幾年之前，史丹・李光榮的英雄隊伍，就已經在每一本薄薄的漫畫中以簡短的文句探討這些主題。每個月都有成千上萬年輕人渴望閱讀這些漫畫。

然而，古德曼完全看不到這一切，而史丹・李不想讓他畢生的志業毀於一旦。為了挽救它，史丹・李做了一件他從未嘗試過的事：刻意違逆他的老闆。

古德曼要求史丹・李創作出更多在表面上感覺上類似《驚奇四超人》的英雄，但史丹・李無視上司的要求，花了幾個月時間思考下一個角色。他的靈感源源不絕：這個英雄應該是個年輕人，應該要很窮，也應該要有野心。這樣一個小伙子應該認為自己注定要成為偉大的人物，卻發現自己處在社會的邊緣，掙扎著要贏得認可和尊重。他應該要有能力但仍然非常脆弱，始終無法完全掌握自己生活中的複雜情況。簡而言之，他應該要很像史丹·李。但是，他該擁有什麼樣的超能力呢？還有，他要叫什麼名字才好？史丹·李找出這些問題的答案後，走進古德曼的辦公室，提出了自己的想法。

他告訴老闆，他新創造的英雄將叫做「蜘蛛人」，而他的另一個身份，彼得·帕克（Peter Parker），是個被受到放射性物質感染的蜘蛛咬傷的少年，從此擁有強大的力量和肢體敏捷性。史丹·李繼續說明，「蜘蛛人」這個名字是他在看著辦公室裡的蒼蠅飛來繞去時想到的點子。不過，史丹·李後來在自傳中坦承：「我真的不記得這一段是真的還是我掰出來的，但我覺得它可以讓我的報告更生動。」[2]

古德曼討厭這個點子，對他旗下的明星編輯說，人們厭惡蟲子，蒼蠅和蜘蛛是給人打死的，而不是讓人尊敬用的。還有，主要的英雄不可能是十幾歲的年輕人——青少年只能當夥伴隨從，沒有別的角色了。說完這段開場，古德曼繼續告訴史丹·李說他在講的是某種製造笑料的喜劇人物，而不是令人敬畏、準備迎擊世界上最邪惡壞人的戰士。然後，古德曼咂了幾下舌頭，回頭玩他的拼字遊戲。

如果史丹・李當時是處於他漫長職業生涯中的任何其他轉折點，很有可能會聽從老闆的指示，忘了蜘蛛人的一切，轉而採用老闆認為在商業上更可行的概念。但是，《驚奇四超人》和浩克似乎已經反過來影響他們的創造者。史丹・李跟這些角色一樣，都是強大而遭受誤解的人，永遠為拯救一個不知感激的社會而奮戰。史丹・李下定決心，即使只有一次，也要讓新漫畫能夠和讀者見面。

他知道古德曼在出版了十四集不冷不熱的《驚奇幻想》（*Amazing Fantasy*）漫畫之後，正準備終結這部系列作品。史丹・李決定要在《驚奇幻想》第十五集，也就是最後一集，讓蜘蛛人出現。如果老闆發現這件事——雖然是不太可能的事，因為他心裡早就沒有這部漫畫了——史丹・李隨時都可以道歉，說他認為這不會產生什麼影響，就讓這集漫畫成為《驚奇幻想》和盪著蜘蛛絲的少年英雄的絕唱吧。

史丹・李以慣常的瘋狂步調工作，請科比勾勒這位新英雄的形象。史丹・李對科比說，帕克應該看起來像個可能患有過敏症的孩子，偶爾還會有冒青春痘的困擾。但已經畫了幾十年健壯男性角色的科比，交出一個金發碧眼、肩膀寬闊、性格開朗的傢伙。他畫的人物太有活力，無法達到史丹・李心目中柔弱少年的標準。史丹・李需要另一位藝術家來描繪出他的角色，轉而找上史蒂夫・迪特科（Steve Ditko）協助。

迪特科是斯洛伐克移民之子，父親在鋼鐵廠工作，母親是家庭主婦。他在賓夕法尼亞州約翰斯敦長大，清醒的時間多半都在看漫畫。他念高中時，第二次世界大戰爆發，他做了德國戰機的模型，讓家鄉負責警戒敵機來襲的人員，看到俯衝轟炸機出現在阿勒格尼山脈（Allegheny Mountains）上空時能分辨出來。等時候一允許，他馬上就跟軍隊報到，被派到德國，幫軍中刊物畫連環漫畫。戰爭結束後，以漫畫為一生志業的他，一拿到《美國軍人福利法》發的錢就搬到紐約，就讀漫畫暨插畫學校（Cartoonists and Illustrators School），在那裡接受了《蝙蝠俠》最有名的漫畫家之一傑里・羅賓遜（Jerry Robinson）指導。那兩年期間，他每週上五天課，每次五到六個小時，致力於提升自己的技巧。一九五五年到史丹・李的辦公室應徵之前，他會為一家出版社做稿，發包的人包括喬・西蒙和傑克・科比在內。

像史丹・李這樣的明眼人，馬上就注意到迪特科的作品具有某種獨到之處。科比的背景充滿活力和細節，迪特科的背景卻通常是單獨的色塊，反而強調了角色內心才是戲劇性發生的場域。他曾經在結核病中度過很長的青春歲月，因此習慣與世隔絕，成年後大半的人生也過著遁世的生活。而且，由於他轉而將強大的觀察力往內在發揮，讓他光用眉毛的一個起伏，或壞蛋嘴唇舔嘴唇的曲線，就可以讓角色表達出有如歌劇表演那樣的情感。當迪特科看到科比為《蜘蛛人》做的角色設定素描時，他馬上就明白這個同事對角色的理解完全失準了。

受到自己早期作品的啟發，科比把「蜘蛛人」想像成美國隊長的某種替身，給他同樣遮住半張臉的面罩、緊身褲和緊身衣的組合，並且在他魁偉的胸膛畫上設計紋章。迪特科並不熱衷此道。幾年後，他在一次罕見的採訪中說：「我要做的第一件事就是設計他的服裝，這是角色極其重要的視覺部分，我必須知道角色的外型是怎樣，搭配他已經具備或可能擁有的超能力、會耍什麼機關，然後才能進行分析。比方說，他有吸附的力量，所以不會穿硬鞋或靴子，還有隱藏的手腕發射器、網槍和皮槍，套等。」但了解角色情感的關鍵是面罩。「我不知道史丹．李是否想遮住角色的臉，我會這樣做是因為面罩可以隱藏這個角色很明顯的男孩味，也可以為角色增添神祕感，讓讀者有機會去自己想像、在帕克臉上『描繪』他們想要的表情，或甚至成為面罩背後的那個角色。我有成功嗎？（有些跟面罩相關的心理學理論很有趣。）」[3]

心理學和哲學的含義，也是迪特科作品的另一項主要特色。一九六二年，他成了艾茵．蘭德（Ayn Rand）的客觀主義[67]（Objectivism）世界觀的擁護者，還跟著名的戀物癖藝術家埃里克．斯坦頓（Eric Stanton）在時代廣場旁合租了一間公寓。斯坦頓擅長束縛和女性支配男性主題的畫作，迪特科偶爾會幫他的室友完成一些情色作品。當他坐下來想像蜘蛛人，他全神貫注投入工作中，給了這個角色一個印著藍色蛛網的紅色面罩，上面有白色的大眼睛，兩眼的外緣描繪了濃黑的黑眼線，就像某種歌舞伎面具。不論迪特科在描繪他的最新英雄時想到什麼心理學理論，效果都與他預期的一樣：看著蜘蛛人空洞的雙眼，不僅可以感受到他的痛苦與不安，還能感受到你自己的疼痛與不安。如果你看著他雙眼的時間夠長，你會感覺就像尼采所言：當你凝視著深淵，深淵也在凝視你。

最重要的是，這種令人毛骨悚然的空洞雙眼，是一九六二年八月終於發行第十五期的《驚奇幻想》中，最為突出的亮點。這期漫畫的封面是科比繪製的；史丹．李仍不信任迪特科可以捕捉到這位新英雄的戲劇效果，所以只讓他幫更資深的藝術家上色，但即使蜘蛛人的肌肉比史丹．李本來希望的還強壯了一點，最令人著迷的仍然是蜘蛛人空洞的凝視，而非他在蜘蛛網上擺蕩的事實，或胳膊下抱著一名飽受驚嚇的罪犯的情境。這種曖昧的感覺需要一種不同的說故事風格，以一種更複雜、細微的手法來取代史丹．李習慣性那種令人喘不過氣的敘述方式。而打從第一頁開始，史丹．李的文句就很吻合這部作品的調性。

「看起來像穿戲服的英雄嗎？」史丹．李直接問讀者。「為了保密，我們漫畫雜誌業

---

67 艾茵．蘭德是俄裔美國人，二十世紀哲學家、小說家和公共知識分子，宣揚極端個人主義精神，《阿特拉斯聳肩》（*Atlas Shrugged*）為其代表作。她提倡的客觀主義認為現實乃客觀的存在，人的基本生存方式，就是用自己的頭腦理解現實，用理智決定行動。

界都叫他們『穿長內衣的角色』！而且，正如你所知，他們隨處可見！但我們認為你可能會發現我們的蜘蛛人有點……不太一樣。」[4]下方展開的場景，跟讀者以前在漫畫中所見的一切相反：一群可愛的少男少女，正以年輕人受到賀爾蒙影響而尖酸的話語你一句我一句地說著，嘲笑他們的同齡人彼得．帕克。帕克站在一旁，瘦弱而孤獨。他身邊有一塊側幅，上面畫了一個男人和一隻蜘蛛的剪影，就像穆瑙[68]（F. W. Murnau）電影中的畫面一樣，象徵第四面牆[69]被打破了。表現主義的陰影遊戲與陽光明媚的高中場景並列，開心的青少年和悲傷的帕克並陳，這一切都預示著即將展開的戲劇將以道德抉擇為主軸，邀請讀者以過往媒體尚未試驗過的方式，與故事進行情感互動。

接下來的故事發展一一驗證了這些跡象。帕克是個孤兒，與班叔叔和梅嬸嬸住在一起。他既聰明又勤奮，這使他成為愛玩的孩子們排擠的對象。他沒有去跳舞，而是奔赴科學展覽，在科展上被放射蜘蛛咬傷。他在戶外跌倒時，發現自己現在竟擁有蜘蛛的能力，包括強大的力量和攀爬建築物的能力。他替自己縫了一件蜘蛛裝，上面附有隱藏的裝置，可以拋出結實的網。然後，他開始追求擁有他這種新技能的人理所當然會想到的事：搏版面。

史丹．李在漫畫第二幕的開頭寫道：「連七歲的孩子都知道，如果有個男人出現在電視上，看起來與其說是人類，更像是蜘蛛，那麼他將在一夜之間引起轟動！」[5]這段故事的特色，是蜘蛛人在螢光幕前炫耀他的技能，帶給觀眾震撼，讓他們十分欽慕。如果「驚奇四超人」是因超能力的副作用影響，而讓他們跟成名帶來的問題搏鬥，那麼年輕的彼得．帕克認知中的超能力，就幾乎等同於通往名氣和財富的管道。他被嘲弄和排擠太久了，現在的他渴望專注於透過自己的能力來編織新身份。因此，當一名搶犯剛劫掠了某個受害者、迅速逃跑之際，彼得．帕克拒絕介入這樁搶案，讓這個壞人得以脫逃。一名年長的警官追問彼得．帕克：「先生，你有什麼毛病啊？你只要絆倒他，或是抱住他一分鐘，就不會是這種結果了！」彼得．帕克只是以蜘蛛人面具傳達他空洞的凝視，完

68 德國電影先驅，為二十世紀二〇年代德國表現主義電影代表人物。

69 第四面牆象徵觀眾與表演者的隔閡。「打破第四面牆」，一方面代表劇中人物踏出虛構的界線，直接與觀眾互動，一方面提醒觀眾，他們正在欣賞的是虛擬的表演。

全不為所動。「抱歉，朋友。」他說。「那是你的工作！所有人都排擠我！從現在開始，我只要走自己的路、贏得第一——意思是把我自己排在第一位！」[6]

蜘蛛人變得越來越有名，但是一天晚上，彼得．帕克在回家途中，得知敬愛的叔叔遭到盜賊殺害了。他十分憤怒，穿上服裝，追蹤凶手到了一間廢棄的倉庫，當他最終捕獲凶手時，震驚地發現他與自己幾天前沒有出手阻撓的那個人，居然是同一個人。這時，這部系列漫畫頭一次也是最後一次，讓我們看到帕克的眼球穿透了蜘蛛人面罩上的枯白雙眼。這一格可怕的畫面，可以傳達角色承受的所有痛苦和罪惡的重擔。

蜘蛛人用蜘蛛網緊緊捆綁住凶手後，把他交給警察。然後，彼得．帕克撕下面罩，哭了起來。「是我的錯，都是我的錯！」他啜泣。「要是當時我有出手制止他，一切就沒事了！但是我沒有，現在，班叔叔已經死了……」在故事的最終畫格中，我們看到帕克在長鏡頭下，彎著腰，走在蒼白的月光下。史丹．李在這段名列他最佳文句的段落中寫道：「一個瘦弱而沉默寡言的人物，慢慢消失在越來越漆黑的黑暗之中。他終於意識到，在這個世界上，強大的力量也必將伴隨著——巨大的責任！」[7]

這算不上具有什麼獨創性。耶穌告訴門徒：「因為多給誰，就向誰多取；多託誰，就向誰多要。」[8]一九〇六年，英國新任命的殖民地次長溫斯頓・邱吉爾（Winston Churchill）討論到帝國在遠方肩負的責任時，重申了這個想法：「在某些情況下，我們擁有強大而壓倒性的干預力量；在其他情況下，我們幾乎沒有任何干預力量。我對於眾議會秉持的原則表達尊重。這是一項通則，即我們在此問題上的責任與我們的權力直接成正比：能力越強則責任越大，能力越小則責任越小，而如果沒有能力，我認為，就毋須擔負責任。」[9]

一九四五年四月十一日——正好是他過世的前一天——富蘭克林・德拉諾・羅斯福（Franklin Delano Roosevelt）於一篇關於美國的開國元老湯馬斯・傑佛遜（Thomas Jefferson）的致詞中，也表達了相同的理念：「在傑佛遜時代，我們的海軍只有少數幾艘護衛艦，但這規模尚小的海軍針對地中海地區的海盜行徑，包括損害和平貿易、奴役船員，向大西洋周遭那些坐視不管的國家提出告誡。如今，我們已從戰爭的痛苦中學習到，強大的力量包含巨大的責任。」[10]

然而，讓這番情理引起廣大迴響的是史丹．李的引用，而非邱吉爾或羅斯福。「能力越強，責任越大」這句話——世人經常誤以為它是出自漫畫《蜘蛛人》裡的班叔叔——將繼續成為美國文化的主要價值觀。每個人都要引用這句話，連總統歐巴馬也不例外，他在記者會上就是用這句話勸告中國。艾蕾娜．凱根（Elena Kagan）法官，在最高法院關於知識產權糾紛的裁決中，也引用了這個句子。

它之所以會引起共鳴，是因為這一次它不像以往那樣為強大的人所引用，暗示顯貴者行為理應高尚，而是藉由一個平凡如你我、努力想釐清道德行為基準的小人物之口說出。在史丹．李的故事中，蜘蛛人不只是另一個試圖了解超人能力複雜性的超級英雄。他是一個學習讓自己更具人性的年輕人，是某位《聖經》人物的直系後代，那就是：該隱。他也曾為此問題而苦惱。

我們初次見到身為農夫的該隱，是在《聖經．創世記》第四章。他像彼得．帕克一樣是個悶悶不樂的失敗者，因為，出於從未說明的原因，上帝拒絕了該隱的供物，卻欣然接受他哥哥亞伯的供物。相關敘事往下繼續：「該隱就大大地發怒，變了臉色。耶和華對該隱說：『你為什麼發怒呢？你為什麼變了臉色呢？你若行得好，豈不蒙悅納？你若行得不好，罪就伏在門前。它必戀慕你，你卻要制伏它』。」[11]上帝的勸告在最初的希伯來原文中看起來更隱祕難解（原文似乎漏了一、兩個字），令評論家困惑了幾千年。全能的上帝到底在建議如此傷心的該隱去做什麼呢？

根據大多數詮釋學家的說法，上帝的話語可以透過兩種方式來解讀。首先是一個簡單的「如果—那麼」命題：如果你向善，那麼主就會接納你並擁抱你；如果你不向善，那麼你一定會向惡（sin）。但希伯來語原文有第二種解釋，上帝在這段話中提醒該隱，無論他選擇向善與否，罪惡都潛伏在門口，隨時在那兒伺機誘惑人類。因此，人生不是要我們藉由選擇善良、不選擇罪惡，來規畫通往幸福的道路，而是要我們了解，我們無法決定自己的生命景況，只能決定面對所處的不幸時，我們要如何回應。因此，我們的任務是要學習如何控制我們的慾望、挫敗感和憤怒。該隱在後來一項考驗中慘遭失敗，因為他無視上帝的警告，毆打他的兄弟並殺死了他。

索洛維奇在關於這個故事的評論中寫道：「在這個案例中，罪過不是由於自大，而是出於自我否定。這種罪人屈從於一切人事物。他是精神上的流浪者，不想向惡（sin），但會屈服於誘惑。他想悔改，卻覺得自己做不到。他感知到神聖的召喚，但沒有回應。」[12]正因如此，上帝詛咒該隱，卻沒有消滅他。當該隱這個罪人終於崩潰，說出「我的刑罰太重，過於我所能當的」，上帝懲罰讓該隱過著不安定的流浪生活，但為他立下獨特的保護記號，以使他免受其他墮落者的謀殺衝動所害。[13]如此一來便讓希伯來原文的第二種詮釋更有力了：改隱在還沒犯下可怕罪行之前和之後，都必須繼續努力跟像隻野獸盤踞在他門口的邪惡傾向搏鬥。

彼得．帕克也是如此。他的嬸嬸和叔叔曾經督促他要保持謙虛、努力學習並追求自己的夢想，但他固有的怨忿——那些年來一直受到更美麗、更受喜愛的同學嘲笑——使他屈服於強大的誘惑，並且像該隱一樣嘗到苦果。因此，他真正在對抗的不是一群千奇百怪的惡棍，而是他自己：一個精神上的流浪者，竭盡全力聆聽、回應那神聖的召喚。

對史丹．李來說，那個神聖的召喚在問他，是否該繼續為這部漫畫辛勤付出努力。史丹．李想起古德曼的斷然否定，就沒再繼續寫蜘蛛人的故事了。《驚奇幻想》第十五期出版後，他和迪特科以為這個角色已經沒戲唱，開始埋頭繼續創作其他漫畫。但很快地，信件開始湧入，甚至每天多達一百封，所有來信者都宣告了自己對蜘蛛人的熱愛，渴望看到更多蜘蛛人的冒險故事。幾個月後，又有了更充分的證據證實這部作品有多受歡迎：當公司發布該期《驚奇幻想》的銷售數據時，《蜘蛛人》首次亮相的這一集不光是該年度最賣座的一本，還贏得了十年來最暢銷的寶座。史丹．李後來回憶說，古德曼衝進編輯室，面帶微笑。「史丹，」他大聲有力地說。「還記得我非常喜歡你的蜘蛛人點子嗎？我們何不讓這個故事變成系列作品呢？」[14]

一九六三年三月，《神奇蜘蛛人》（*The Amazing Spider-Man*）——史丹．李忍不住為它加上「神奇」這個增添亮點的形容詞——在全美各地的報刊亭大放異彩。然而，如果第一期漫畫是講述自由意志、誘惑和責任的沉重故事，之後的作品又走上了較黑暗的走向。

蜘蛛人像該隱一樣，注定在故事開始沒多久，就要在世界流浪。憤世嫉俗的報紙老闆喬納．詹姆森（J. Jonah Jameson）對他窮追猛打，堅信這位蒙面英雄是個騙子，認為蜘蛛人不過是精心策畫了犯罪活動，再神祕現身出面解決。這項指控讓蜘蛛人特別痛苦、難受，因為它觸碰到他的痛處：班叔叔的過世迫使梅嬸嬸不得不典當她的珠寶，心碎的彼得．帕克因此一心尋找賺錢的方法，想幫忙家人分攤帳單。他決定找驚奇四超人試試看，因為他想當然爾地認為，萬能的超級英雄在解決難關後可以獲得豐厚的報酬。

在一連串漫長而有趣的漫畫分格中，他闖進了驚奇四超人位於頂層公寓的總部，跟每個成員決鬥，互相拳打腳踢加上彼此羞辱。蜘蛛人得知四人組織是個非營利性組織，只為自身的理念而戰。這個消息令他焦躁不安。他尋求另一項快速致富的計畫，結果卻害他身陷蘇聯間諜陰謀活動。這個事件結束時，他再次跌坐黑暗的街道上，哀嘆自己的命運，啜泣說著：「一切都變得一蹋糊塗，我希望自己從未擁有過超能力！」[15]

這名年輕人逐漸正視自己的責任後心生恐懼不安，而他會出現這種反應也是情有可原。揭開蜘蛛人的面具，拿掉形形色色壞蛋角色的故事表層，你可以將彼得．帕克的故事解讀為你自己道德覺醒的故事：向驕傲與怨恨屈服的孩子必須學會控制自己的情感，履行自己對其他人應盡的責任，而這當然也是該隱的故事。

當上帝詢問該隱關於亞伯的下落時，該隱回答：「我豈是看守我兄弟的嗎？」[16]憤怒的主給了他確定的答案：「你兄弟的血有聲音從地裡向我哀告。」[17]該隱羞愧得無地自容，開始著手建造一座城市，人類的第一座城市。上帝收回讓他倚靠土地維生的福份、紮根於一地的幸福。上帝詛咒他：「你種地，地不再給你效力。」[18]

奇怪的是，〈創世記〉告訴我們，該隱繁衍了好幾代男男女女，他們開發了模仿並改進太古時代耕種經驗的實務。從該隱的腰身誕生了世上第一位鐵匠土八該隱（Tubalcain），以及世上第一位音樂家猶八（Jubal），帶給人類工業與藝術，算是小小的安慰獎，以彌補我們與大地母親之間被切斷的基本連結。而且，這些後代跟他們的先祖一樣，必須學會在擁擠的環境中一起生活，肩負著改正該隱所犯錯誤的永恆挑戰，並將自己視為兄弟姊妹的真正守護者。

這個構想從一開始就為《蜘蛛人》系列注入活力。彼得．帕克試過幾種徒勞無功的賺錢手段後，想出一個聰明的計畫：他可以利用蜘蛛人的能力，拍下自己打擊惡棍的照片，然後高價賣給報社老闆詹姆森。於是他開始與敵人糾纏不清；他們是眾多他必須維繫的關係當中最一開始的對象，使他更難以隱藏自己的祕密身份。例如，他很快就迷戀上詹姆森的祕書貝蒂・布蘭特（Betty Brant）。當她遭到幫派成員的惡意攻擊，彼得・帕克很想展示自己的超能力，卻最終決定採取更謹慎的行動，即使這意味著他在貝蒂面前會顯得軟弱無助、無法打動他心儀的女人，這是他為了自我克制所付出的代價。他還被呆頭呆腦的惡霸「閃電湯普森」纏上，後者之後惡作劇地穿上蜘蛛人的服裝，結果被末日博士擄走，要求真正的蜘蛛人出面相救。隨著漫畫來到尾聲，彼得・帕克再度變回邊緣人，這位超級英雄的功勞全被自大的湯普森搶走。

史丹・李在《神奇蜘蛛人》早期的其中一集漫畫結尾當中，道出彼得・帕克的痛苦徬徨。「最後，他一個人待在自己房裡。」尾聲的旁白文字寫道：「那個叫做『蜘蛛人』的神奇人物好好省思了一番，既迷惘又困惑，心情萬般苦澀！」彼得・帕克也說出自己的內心獨白：「難道他們說得沒錯？」他自忖。「我真的是個瘋子，浪費我的寶貴時間去追求名聲和榮耀嗎？我對於成為蜘蛛人去冒險，比幫助別人更感興趣嗎？為什麼我要做這些事？我該放棄這一切嗎？但是，我不能！我會有強大的力量，一定是有特定的使命！不管有多困難，我都必須維持蜘蛛人的身份！我祈禱這世界有一天會明白！」[19]

但全世界都不明白，而這一點使蜘蛛人系列作品締造了驚人的佳績。為了演繹彼得．帕克的內心戲，史丹．李用了大量的思想泡泡，這種特色在當時以動作為主的漫畫世界非常少見。當蜘蛛人被強大的八爪博士擊潰、嘗到第一次落敗之苦後，我們看到他坐在房間裡，閉上眼睛，神情萬分痛苦。「我失敗了！」他自言自語道。「蜘蛛人是個玩笑……什麼都不是！」與此同時，背景裡的梅嬸嬸站在門框之中，心裡想著：「可憐的彼得在房間裡悶悶不樂好幾個小時了！真希望他能告訴我他怎麼了。」[20]

迪特科為了進一步強調彼得．帕克憂鬱的心靈，以及這個角色想成為道德健全之人所付出的努力，繼續嘗試各種不同的風格。不久後，他開始以單頁九個畫格的固定形式來安排頁面。這種視覺形式有助於傳達一種僵硬、荒蕪的情感。以《守護者》、《V怪客》作品聞名世界的英國漫畫家艾倫．摩爾（Alan Moore），小時候讀過早期的《蜘蛛人》漫畫，後來也開始創作九格漫畫，成為此種藝術形式最有名的創作者之一。他說，迪特科筆下的濃密頁面，平添了「一種幽閉恐懼症和偏執狂氣氛。他的角色看起來總是十分緊繃，看起來彷彿一直處於某種揭發真相或是瀕臨崩潰的邊緣。迪特科這個人有一點癲狂。」[21]

史丹・李也注意到這一點，但沒過多久，蜘蛛人就變得實在太受歡迎，以至於史丹・李無暇去思考這位合作畫家的心理狀態。到了一九六三年十一月，史丹・李相信蜘蛛人有潛力長賣，讓他有足夠的信心在該系列漫畫第六集的封面上宣布：「漫畫的漫威時代到來了！」[22]

隔年，沉迷於自我宣傳的史丹・李向古德曼提出：公司不只要開始行銷角色，還可以將創作者當成賣點。史丹・李意識到，漫威的漫畫之所以能脫穎而出，是因為作品呈現了各式各樣複雜的生存議題，那些都是讀者（大學生、青少年）正在思考的人生問題。漫威的讀者不光是期待逃避現實的娛樂，還希望看到更有深度的內容。他們在搖滾偶像、《麥田捕手》作者塞林傑（J. D. Salinger）這種叛逆文學人物身上尋找認同——或任何其他讓他們感覺誠實展現了時代緊張氣氛的人物——也希望能在漫威的作品中找到這種共鳴。史丹・李認為，讀者和藝術家之間有了這種連結，只給予藝術家榮譽是不夠的，他們還必須將自己打造成角色，就像他們創造的超級英雄一樣，成為偶像級人物。一九六四年十一月，史丹．李創立了一個叫做「歡樂漫威前進會」（The Merry Marvel Marching Society）的漫威粉絲俱樂部，會員支付一美元，就能收到一封信、一張會員卡、一張貼紙、一個鈕釦和一個便條本。他們還會收到一張單面的33⅓黑膠唱片，名為「漫威之聲」。在這件事上，史丹．李忍不住對離群索居的迪特科開起玩笑。那時迪特科幾乎不在辦公室，只有要交作品時才會進辦公室，然後又不見人影，回到他家裡的工作室。史丹．李跟他的製作部經理索爾．布羅德斯基（Sol Brodsky）有了以下的對話：

史丹．李：嘿，布羅德斯基，外面在吵什麼啊？

布羅德斯基：喔，是害羞的迪特科啦！他聽說你要灌一張唱片，而他有麥克風恐懼症。哎呀！他走了！

史丹．李：又消失了嗎？你知道，我開始覺得他是蜘蛛人。

布羅德斯基：咦，他不是嗎？

迪特科也在問自己相同的問題。他因為跟史丹．李的一些小衝突而不太開心，尤其是當這位有自由主義傾向的編輯要迪特科改掉他反嬉皮文化的嘲諷、把蜘蛛人的台詞改成表達對各種進步思想的支持時。但是最終讓迪特科忍無可忍的是，他和史丹．李對於書裡的壞人綠惡魔（Green Goblin）的身份產生爭執。

綠惡魔是蜘蛛人的最大敵人。迪特科希望他是蜘蛛人和讀者都不認識的角色：一是個富有的實業家，開發了強大的血清，使他成為折磨蜘蛛人的可怕角色——但是史丹．李有不同想法。他知道《蜘蛛人》漫畫的主要意義在於他的承諾與奉獻，也就是：班叔叔去世後，他再也不要辜負自己所愛的人，即使代價是永遠犧牲他的自我和幸福感。既然如此，蜘蛛人最大的敵人就必須是他認識的人，讓他再度進入一段飽受折磨、需要有所犧牲的關係。史丹．李決定綠惡魔的真實身份是彼得．帕克摯友哈利．奧斯本的父親：諾曼．奧斯本。

「迪特科希望綠惡魔是以前沒出現過的角色。」幾十年後，史丹．李告訴一位採訪者。「他說，因為在現實中，壞人往往是你不認識的人，但我覺得不能那樣設定。」[23]

惡魔的身份被安排在第三十九集公開。一九六六年春天，迪特科在交出第三十八期稿子的同時，也遞出辭呈。此後，他也不曾再參與《蜘蛛人》漫畫的創作。

約翰・羅密塔回憶道：「如果迪特科畫的故事沒讓諾曼・奧斯本就是綠惡魔，史丹・李是絕對無法接受的。」約翰・羅米塔是漫威牛棚裡最有才華的藝術家之一，史丹・李要他接手這部受歡迎作品。「當時，我不知道綠惡魔的身份有其他的可能……現在回頭看，如果迪特科沒走，我很懷疑他會在第三十九集揭露綠惡魔就是奧斯本。」[24]

對任何總編輯來說，當蜘蛛人正要一飛衝天，卻失去迪特科這樣的明星，結果可能會是一場災難。但如果迪特科離開後，史丹・李真的曾經因此而心慌，他也沒有表現出來。他很確定，他與科比之間建立起來的工作方法——由作家和藝術家攜手創作——優於任何個人創作；它不僅容許創作自由，標準化的製作流程也讓他可以根據需要，隨時指派、分配藝術家。而且，史丹・李在漫畫界已經待得夠久了，他知道今天流行的漫畫明天可能就被遺忘，而他不想因為手氣正夯而放慢腳步。他把自己看作是一個賭徒。「我就像個擲骰子的人，一次又一次擲出了不錯的成績。」多年後，他這麼寫道。「當你連勝的時候，你就停不下來了。」[25]

《蜘蛛人》這部紅極一時的大作深刻探討了人類的處境，或至少，有嘗試這麼做的企圖心，只是，接下來又該推出什麼樣的作品呢？史丹・李認為，答案不在於英雄受苦的靈魂，而是在外面的世界。在那個世界裡，麥格・艾弗斯[70]（Medgar Evers）剛被暗殺，馬丁・路德・金恩[71]（Martin Luther King Jr.）在伯明翰監獄的牢房裡，寫下「受到壓迫的人不可能永遠被壓迫下去」的預言。

於是，漫威的下一部漫畫，史丹・李和科比創造的不是一個英雄，而是創造了一整個英雄學園。他們是天賦異稟的純真年輕人，在一個視他們為威脅的社會中渴望著自由。

70 美國非裔民權運動家，也參與其他有色人種平權運動。一九六三年遭白人至上主義者暗殺。
71 非裔美籍民權運動領袖，曾獲諾貝爾和平獎，主張以非暴力的抗爭方法，爭取非裔美國人的人權與權利。

CHAPTER 8

超越正邪對抗：X 戰警

一九六三年春天，史丹．李和科比大部分時間都忙著製作一部新系列漫畫，當中集結了一些他們最喜愛的英雄。史丹．李尤其喜歡讓角色跨界，讓某個超級英雄加入以其他英雄為主角的作品（比方說，讓蜘蛛人遇到驚奇四超人，一起對抗末日博士）。他認為這既是區隔漫威品牌與競爭對手的有效方法，也是一種好用的說故事手段，可以讓英雄和他們身處的虛構世界更有真實感。而一旦他累積的當紅角色夠多了，他便將他們集結到名為「復仇者聯盟」的超級英雄隊伍中：浩克是其中一員，當中還包含一些有前途的新英雄，包括雷神索爾、鋼鐵人和蟻人。

然而，即使《復仇者聯盟》有一群有趣的新角色，又可以作為延伸詳述漫威故事的工具，這部漫畫並非能讓史丹．李探索他真正感興趣的主題與概念的理想場域。為此，他和科比想出了另一個系列作。它也集結了好一些擁有不可思議超能力的角色，史丹．李希望稱他們為「變種人」（the Mutants）。他向古德曼解釋，這系列將圍繞著一小撮年輕人展開，這些人天生就具有賦予他們非凡能力的突變基因。但古德曼擔心「變種人」這個詞太晦澀，因此要求史丹．李想個不同的名字。史丹．李再三思考後決定，如果他的英雄擁有特殊的（extra）力量，稱呼他們「X戰警」（X-Men）絕對名符其實。

為了闡明這些英雄不同於其他漫畫的主角，史丹・李在X戰警第一本漫畫開場時，讓本名為澤維爾（Xavier）的X教授用念力召喚X戰警前來。這種思想泡泡之前曾用來讓蜘蛛人一吐為快，如今則用來推動劇情發展，讓這位活動僅限於輪椅範圍、擁有心靈感應能力的禿頭決策者，藉此分派可能致命的艱鉅任務給手下這群年輕孩子，訓練他們克服各種阻礙。漫畫以體育展演方式讓這群年輕變種人展現他們的超能力，而非透過起源故事介紹他們的本領，因為X戰警不是從放射性昆蟲或奇怪的射線中獲得超能力，他們的超能力是與生俱來的，是「人屬」的下一級進化人類物種，稱為「優越人種」。

當然，這意味著X戰警擺脫了蜘蛛人那樣「必須隱藏祕密身份」隨之而來的內心戲；也不像從人類轉變成超能力者的驚奇四超人或是浩克，X戰警毋須解決身份轉變的難題。X

教授的四個學生冰人（Iceman）、獨眼龍（Cyclops）、野獸（Beast）和天使（Angel）只要做自己就好。這使他們對自己的能力和狀態感到輕鬆自在，不會像蜘蛛人那樣，有了超能力後，對自己的新身份陷入省思和焦慮。當第五名新成員，一個魅力十足的紅髮女子，來到位於威徹斯特郡的豪華學院時，這四個變種人想知道新學生可能具有什麼樣的超能力，表現得有如痞子一般：其中一人推測她的超能力可能是「使男人心跳加速的力量！」他的夥伴聞言，翻了翻白眼說：「你知道嗎，華倫，如果要我講出你這種台詞，我寧可開槍斃了自己！」[1]

當內在幾乎沒什麼問題吸引他們注意力的情況下，李給他的英雄們帶來一個外在的問題，那就是另一位名為「萬磁王」（Magneto）的變種人。跟X教授一群人不同，萬磁王和他的「邪惡變種人兄弟會」沒興趣與人類和平共存。相反地，他們想要奴役人類，並認為這只是歷史物競天擇的下一步。但是，史丹・李和科比沒有讓這兩個團體間的競爭，演變成另一場「毫無爭議的好」與「無可救藥的壞」兩方的大對決，而是很快著手為這系列作品增添不同層次的複雜細節。

當時，現實中的美國，3K黨成員在阿拉巴馬州伯明翰十六街的浸信會教堂台階下放了十五條炸藥，害死了四名無辜的年輕非裔美國女孩艾迪・梅・柯林斯、辛西婭・韋斯利、卡蘿爾・羅伯遜和丹妮絲・麥克奈爾。事件發生不久後，《X戰警》第五集出版了。漫畫中，X戰警所面對的那種根深蒂固的偏執，讀者們每天晚上在電視新聞上都看得到。X教授的學生坐在電視鏡頭前，看到同屬變種人的夥伴在某項體育競賽中一馬當先時，開心地這位同伴喝采。參賽的變種人勝利後，觀眾對他發出噓聲，還朝他丟東西。X戰警看著這一幕，驚駭又錯愕。

代號「天使」的華倫說：「看看這些人！他們都氣到冒煙了！就像X教授一直在警告我們的……一般人害怕、也不信任任何擁有超級變種能力的人！」[2]面對社會強烈的不信任，有些變種人或許會不擇手段起義反抗人類——應該不會有人覺得這是什麼奇怪的事吧？當萬磁王決定引爆一枚炸彈、殺死數十名無辜人類，引來他某個手下質疑時，這位威力強大的變種人回答他，暴力衝突是無法避免的。他告訴同伴：「我沒告訴過你嗎？他們只是智人，有機會的話就會殺了我們！我們只是在為捍衛自己而戰！」[3]

在一九六三年讀到這部漫畫，很難不將X教授和萬磁王的較量關係，看成現實生活中馬丁．路德．金恩和麥爾坎．X[72]（Malcolm X）之間緊張關係的創作詮釋版。儘管萬磁王率領的「邪惡變種人兄弟會」團隊自稱是「邪惡」的一方，但萬磁王只是提出另一種解決人類偏見這現實問題的辦法罷了。多年後，史丹．李說：「我不認為萬磁王是個壞人。他只是想反擊那些偏執狂和種族主義者。他試圖捍衛變種人，而且由於社會沒有公平對待變種人，他決定給社會一個教訓。當然，他是個危險份子，但我從沒有把他想成壞蛋。」[4]但史丹．李仍然做了預防措施，以免讀者太喜愛這個復仇心切的變種人。當萬磁王成功接管了一個小國，便扶持了一群踢著正步、臂上戴著徽章的暴徒——證明即使是出於看似正當的理由，暴力也只會衍生更多的暴力。

不過，即使當時和之後的評論家相信，史丹．李和科比描寫的是以民權為主題的寓言故事，但現實中的民權運動也正在轉變。

非裔美國人與美國猶太人之間的相似處境，讓兩個族群攜手奮戰。在猶太拉比亞伯拉罕．約書亞．赫歇爾與金恩博士一起參加了在塞爾瑪（Selma）舉行的遊行示威活動，還有猶太裔的安德魯．顧德曼、麥可．史維納，跟非裔的詹姆斯．錢尼一同在密西西比州遇害離世之後[73]，更是強化了兩個族群的關係。但是到了後來，你不需要是政治學家，都可以看出事情開始產生變化。

例如，學生非暴力協調委員會（SNCC）曾經是黑人和猶太人合作的典範，左翼歷史學家暨政治學者霍華德．津恩（Howard Zinn）在早期曾經給予諸多指導。這個組織於一九六六年投票決定將所有白人排除在領導階層之外，導致一些知名猶太活動家被迫離開委員會。一年後，該組織發表了強烈抨擊以色列的作品，這幅政治漫畫描繪一名巴勒斯坦人和一名非裔美國人被懸吊在絞繩下，但抓住繩子的是一隻上頭畫有大衛之星的手。

演員兼民謠歌手西奧多．拜克爾（Theodore Bikel）是學生非暴力協調委員會的積極支持者，對此事非常反感，寫了一封信切割自己與這個組織的所有關係：「我將繼續參與民權運動，並積極參與其中，但我將選擇與以理智、深思熟慮、堅毅言論發聲的那一邊

72 非裔美國民權運動者，擁護者認同他以嚴厲用詞譴責美國白人對待黑人的方式，反對者則認為他鼓吹種族主義與暴力。作風與溫和派的金恩博士形成對比。

73 發生在密西西比州的民權工作者謀殺案，三人在一九六四年六月被綁架和謀殺。

站在一起，比如馬丁．路德．金恩博士，和他們一起奮戰；他們相信這場運動可以讓大家團結在一起，成為好兄弟、好姊妹，而不是用石蕊試紙測試的顏色來劃分你我。他們追尋的是停止建立一種至高無上的主義來代替另一種至高無上的主義，而是專注於對抗真正的敵人：貧窮、無知，以及對同胞的仇恨。」[5]

連結破滅、恐懼加劇，這種幻滅的氣氛，瀰漫在早期《X戰警》系列的每一頁上。比如，在令人難以忘懷的某一集中，人類學家崔斯克博士認為變種人會對人類造成威脅，於是建造了一種機器人，並稱呼它為「哨兵」，用來保護人類免受變種人的威脅。X教授邀請崔斯克進行辯論，試圖說服他變種人想要的不過是與他們的智人兄弟姊妹和平共處，但崔斯克不為所動，依舊派出了他的機器人守衛。但不久後，這些機械人逐漸擁有自己的意識，並且捉住創造他們的崔斯克，要求他建造更多哨兵，還逼他建造一台可以讀取變種人思想的機器。X戰警「野獸」被俘後，崔斯克利用這台機器得知，這些變種人從來沒有要傷害人類的意思——跟他原先擔心的恰恰相反。

崔斯克最後犧牲了自己，炸毀所有哨兵，讓人類和變種人都得到自由。X戰警猜想究竟發生了什麼事，這時史丹．李用以下的附註為故事劃下句點：「或許，真相有一天或公諸於世！但是在那之前，它將埋藏在無數噸瓦礫之下——埋在崔斯克博士的胸前，他最後一次為俗世的犧牲，使他的畢生功業全數毀於一旦；他在塵世學到的最後一次教訓是：太狂熱會致病！它的治療過程，往往比它所譴責的邪惡更致命！」[6]

這個故事線凸顯了資深漫威作家兼編輯丹尼．芬格羅斯（Danny Fingeroth）所主張的X戰警系列核心思想。「個人所造成的任何傷害，都不該歸咎他所在的團體，而應歸咎於他或她個人的選擇。」驅動蜘蛛人和浩克的，他寫道，是同樣的潛文本。「但X戰警是透過讓不同群體（不論是否受到迫害）而非個人的彼此衝突，來更進一步探討這個隱喻。」[7]

不過，李專注探究的主題非常淺顯易見：是什麼精神上的騷動，引領著個別角色往正確或錯誤的道路前進？

史丹．李和科比在第十二集介紹了X教授的背景，當中充滿了史丹．李最喜歡的主題。X教授出生於紐約，本名查爾斯．弗朗西斯．澤維爾，是才華橫溢又富裕的核能科學家布萊恩．澤維爾博士與妻子莎倫的獨生子。在父親死於一場詭異的事故後，他的母親嫁給了已故澤維爾博士的商業夥伴科特·馬可。馬可很粗魯，又喜歡操縱他人，尤其當事情涉及自己的兒子凱因·馬可（Cain Marko）時，更是如此。凱因是個傲慢又愚蠢的人，衝進澤維爾的家要錢，還指控是自己的父親造成了夥伴喪生的事故。馬可的實驗室爆發了一場戰鬥，隨後發生了爆炸。老馬可在奄奄一息的最後時刻，將兩個男孩從火場中救了出來，並承認自己沒有盡全力挽救布萊恩·澤維爾的性命。繼父馬可去世之前，警告年輕的X教授要小心這個異父異母的哥哥：凱因。他說，凱因將會竭盡全力消滅X教授，尤其是一旦他發現弟弟擁有變種人的力量後。隨著漫畫劇情開展，我們將跟著凱因·馬可的腳步——凱因的名字和該隱的拼法一樣，讀者應該都沒有錯過這個雙關——看到更多他試圖傷害、甚至殺死自己弟弟的可怕事件。

最後，凱因在朝鮮戰爭服役期間，偶然發現了古老、失落的賽托拉克（Cyttorak）神廟。在這座古蹟裡，有一塊巨大、有魔力的紅寶石。凱因摩擦了紅寶石，獲得了神祕的力量，變身為「紅坦克」（Juggernaut）。這是一種巨大醜陋的怪獸，刀槍不入，可以赤手空拳砍伐山峰，而且不需要靠食物、水、氧氣或休息來維持生命。X教授最終在X戰警的幫助和霹靂火的陪同下，戰勝了這個凶惡的兄弟，但即使在他獲勝的那一刻，讀者仍能注意到他仍保有一絲悲傷和悲憫。他對被擊潰的凱因說：「如果情況有所不同，我們或許可以當朋友……我們或許可以成為真正的兄弟！」[8]

凱因的故事只是這系列裡一個從民權方面的隱喻轉變成激昂猶太戲劇的例子。在另一個較早發生的事件中，萬磁王提醒他的同夥緋紅女巫（Scarlet Witch）兩人第一次見面的情景。「妳是不是忘了那一天，」他說。「不是太久之前，那時我第一次來到妳位於歐洲心臟地帶的家鄉？妳是不是忘了那些迷信的村民因為妳的變種超能力，是怎麼為妳貼上『女巫』的標籤？」[9]科比讓人揮之不去的畫裡描繪了一個害怕的年輕女子，正從一個燃燒的小屋跑出來。前景中，一群面目猙獰的農夫手拿乾草叉、嘲弄著她。

奧許維茲集中營解放後十八年，這個場景——史丹．李清楚、明白地讓我們知道故事發生在「歐洲的心臟」，而非任何虛構或未命名的地方——沒留給讀者什麼想像空間，但史丹．李和科比為了避免有讀者沒注意到這段情節在影射納粹大屠殺，隨後又安排了另一段強而有力的情節。萬磁王將這個心靈受創的年輕女子抱在懷中，提醒緋紅女巫：

「從前是我救了妳，用我的磁力阻止發狂的人群靠近妳！妳永遠不該忘記這一點！永遠不能忘記！」[10]

至少從一九二〇年代開始，圍繞著「永不」（Never）這個詞的勸諫——永遠不忘、永遠不再——就在猶太文化中廣為流行。當時，一些猶太復國主義者[74]（Zionist）在尋找一個戰鬥的口號，以包裝他們對猶太復興的信念。他們想到一個古老的故事：馬撒大（Masada）山頂上的猶太戰士寧可集體自殺，也不願屈服於羅馬軍團。一九二六年，住在以色列台拉維夫的詩人伊扎克·蘭丹（Yitzhak Lamdan）寫了一首恢宏的詩，描寫猶太人的苦難和復原能力。詩中的亮點是這一句：「馬撒大永不再陷落！」它成了全球猶太復國主義者的流行口號，但隨著大屠殺的破壞為人所知，「永遠不再」（Never again）有了完全不同的意涵。猶太裔瑞典導演歐文·萊瑟（Erwin Leiser）十五歲時就跟著家人逃離德國。在他一九六〇年那部關於納粹崛起的紀錄片《我的奮鬥》（*Mein Kampf*）中，當畫面上出現奧許維茲死亡集中營，旁白反覆地強調：「這種事絕對不能再發生一次，永遠不能再發生。」而隨著種族滅絕的規模越來越廣為人知，另一類似的短句出現了：「永遠不忘」（Never forget）。然後，萬磁王慷慨激昂地對緋紅女巫說了那段話，尤其是搭配著如此殘暴的影像，暗示了在X戰警的宇宙有更深層、更黑暗的力量在運作，以及角色們的DNA不僅受到賦予他們更多力量的突變基因影響，表觀遺傳性（epigenetic）創傷也在導引他們的行為、塑造他們的世界觀。

幾年後，史丹·李和科比已不再為《X戰警》系列編劇和作畫，接棒的猶太漫畫作家克里斯·克萊蒙特（Chris Claremont）會深入挖掘這些想法。它們是這系列DNA的核心。克萊蒙特在集體農場[75]度過童年，他在科比和史丹·李的角色裡看到講述悲劇過後猶太人如何生活的潛力。他說：「我努力想出我們這個時代的什麼事件最具有轉化人的力量，可以跟X戰警受到迫害、邊緣化的超概念[76]結合在一起。答案毫無疑問，就是納粹大屠殺。」[11]

74 猶太復國主義又稱為錫安主義，理念是在以色列地區重新建立猶太家園。
75 以色列的集體務農社區。
76 所有概念的集合。

抱持著這個想法，克萊蒙特為萬磁王設計了他的背景故事：萬磁王本名是馬克斯·艾森哈特（Max Eisenhardt），出生於一個富裕的德國猶太家庭，但後來被迫搬到華沙的猶太區，而他的母親、父親和妹妹在那裡遭到處決、埋葬於亂葬崗。萬磁王幸虧具有變異能力，才得以倖存，但他很快就被送到奧許維茲集中營，在那裡擔任猶太特遣隊員（Sonderkommando），負責從毒氣室中移走同胞的屍體。在集中營裡，他遇到一位名叫瑪格達的吉普賽女子，並墜入愛河。兩人成功逃脫集中營，定居在烏克蘭某個小鎮，生了一個女兒安雅（Anya）。但是村民很快就發現了萬磁王的變種力量，並且出於恐懼而燒毀了萬磁王的家，將他家裡的女兒也活活燒死。

萬磁王無法控制自己的悲傷與憤怒。他的力量爆發，幾乎摧毀了整座村莊。瑪格達嚇壞了，因此離開他，不久後也去世了，但是在過世之前，她生下一對雙胞胎：皮特羅和汪達，他們最後成了「快銀」（Quicksilver）和「緋紅女巫」。在此同時，萬磁王以艾瑞克·藍歇爾（Erik Lehnsherr）這個假身份，前往以色列一家專門治療創傷後壓力症候群的精神療養院，幫助那些大屠殺倖存者。在那兒，他遇到另一位志願工作者X教授澤維爾，兩人成為朋友。不過，萬磁王缺乏X教授的同情心，長期接觸納粹暴行下的受害者也讓他相信，變種人應該要為人類的邪惡行徑懲罰人類。他發現並偷走了一些納粹埋藏的黃金，讓他得以創辦組織，招募叛變的變種人，而且不久後便與他的成年子女團聚，這一雙兒女也成了萬磁王追尋目標的幫手。

「我一找到萬磁王的出發點，」克萊蒙特繼續說。「其他的全都自然水到渠成，因為這讓我能夠將他打造一個想要拯救變種同胞的悲劇人物……然後我有機會……試著拯救他……看看……他能不能像梅納罕・比金（Menachem Begin）那樣轉化，從一個一九四五年被英國人視為應該『就地正法』的恐怖份子蛻變為……令人尊敬的政治家，還在一九七八年贏得諾貝爾和平獎。」[12]

克萊蒙特在他負責的《X戰警》系列第一期當中，讓萬磁王明確地思考了這個主題。這個複雜難解的反派說：「我這輩子，一直看著人類在大肆屠殺。他們殘殺異己，為的不過是他們崇拜的神靈或他們的膚色……或他們的DNA中存在一個額外、特殊的基因，除此之外別無其他理由。我無法改變世界，但我可以……並且確保我們變種人再也不會因為世人的恐懼和偏見而受苦。」[13]

克萊蒙特只是重拾了史丹・李之前捨棄的部分。《X戰警》最早期的一場冒險中，X教授和萬磁王在一個精神介面裡碰頭，表示他們在這個層面上是互通的。「為什麼？」萬磁王怒吼著：「你為什麼要跟我們戰鬥？明明你也是變種人！」X教授沒被他說服，回答他：「但我是想拯救人類、而不是想消滅人類的變種人！」[14]

不論史丹・李為《X戰警》立下的前提有多麼吸引人——兩個強大的人物和兩個不同的信念體系彼此衝撞，為世界的命運而戰鬥——他投入這個系列的時間沒有很長。

一九六〇年，在推出《驚奇四超人》之前，漫威銷售了一千六百一十萬本漫畫。到了一九六四年，這個數字爆增到二千七百七十萬本，預計還會持續、加倍增長。[15]由於要監督的新漫畫太多，而且有眾多角色使史丹・李和漫威公司聲名遠播，越來越受到讀者的青睞。史丹・李越來越關注的工作，自然而然變成了讓「漫威」這家出版社建立自己獨一無二的聲音，也就是史丹・李本人的聲音。

CHAPTER 9

代表美國本土的藝術形式

漫威到底有什麼魔力？一九六五年，史丹・李嘗試回答這個問題，但不是在漫畫裡，而是在另一個他也熟諳的媒介：促銷文宣。「粉絲看到漫威的作品，就會不由自主掏錢買下來！」他在專為漫畫發行商發行的手冊裡誇耀自己的漫畫。他接著說，這一切跟漫威的「祕密公式」有關：「它帶來全新類型的讀者」[1]。

這個公式絕大部分與史丹・李的語言有關。到了一九六五年年中，他在漫畫裡加入編輯室專欄，一開始叫做「歡樂漫威牛棚專欄」，後來改為「漫威牛棚快報」，內容主要包括在報攤上販售的當期漫畫摘要，偶爾也會提到關於漫威藝術家和作家的八卦。一個典型的例子如下：「看過來！因為大家都在敲碗要求傑克・科比國王的墨線稿和鉛筆稿。所以，如果你明年春天記得提醒我們，我們會請他為明年度年刊提供獨一無二的墨線稿和鉛筆稿別頁！當然，這表示我們得給他買新畫筆，但為了你們這群漫威狂粉，任何犧牲都值回票價！」然後它邀請讀者把握機會，寫信給他們的好朋友：微笑的史丹・李。[2]

作家強納森・列瑟（Jonathan Lethem）指出，史丹・李的風格「可以說是高分貝的反主流人士——七分像「巴克萊大人」（Lord Buckley），三分像奧斯丁・鮑爾[77]。他是走巴納姆[78]（P. T. Barnum）路線的作家，為了讓自己晉身大亨而放棄創造新作品。史丹．李是漫威的媒體聯絡人，也是公司內部最大的漫威粉，對漫威的作品侃侃而談、瞭若指掌。我們可以把史丹．李想像成拍完《上海淑女》（*The Lady from Shanghai*）後就不再拍電影找自己麻煩的奧森．威爾斯，只會上脫口秀節目胡扯，回味自己有過的美好時光。」[3]

這個玩笑頗有趣，但沒有抓到下面這個重點：史丹．李打造的廣闊虛構宇宙仍牢牢地在原位上，他不光是享受著過去的輝煌留下的餘暉，或急著吸引更多觀眾走進他的馬戲團帳篷裡而已，而是努力與一整個世代建立連結。他們那一代——包括史丹．李在內——正在某種不平靜的重生陣痛當中，試圖理解自己的國家。

一九六四年十二月，馬里歐．薩維奧（Mario Savio）因為加州大學柏克萊分校校方不允許他成立政治性組織和募款，憤而訴諸占領史布勞爾行政大樓的手段，呼籲他的同學

77 巴克萊大人，本名理查．邁爾．巴克萊（Richard Myrle Buckley），美國一九四〇、五〇年代最重要單口相聲喜劇演員，透過反諷作品反映人生的喜怒哀樂；奧斯丁．鮑爾，電影《王牌大間諜》（*Austin Powers*）的主人公，劇情以一九六〇年代早期幾部〇〇七電影改寫而成，充滿反諷與誇大風格。

78 一八七一年創立巴納姆與貝利馬戲團，稱之為「世界上最棒的表演」。電影《大娛樂家》便是以巴納姆為主角。

們重新思考自己與這間大學的關係。「如果這所學校是一家公司，」他對環繞他的成千上萬人說道。「假如校務委員會是董事會，而科爾校長是經理的話，那麼，讓我告訴你：所有教職員就等於員工，則我們學生只不過是製造原料！但我們明明是人類啊！這樣的真相，促使我進入第二種公民不服從的模式。當這部機器的運作如此令人厭惡，讓你打從心底作嘔、不想參與其中，連被動參與都不想！你就必須用你的身軀去阻撓，那些齒輪、車輪、槓桿，所有的零件配備——你必須讓機器停止轉動！」[4]

兩個月後，在一九六五年二月二十一日，另一位激昂的民權領導人麥爾坎．X在哈林區的奧杜邦舞廳發表了另一場演講。三名武裝人士衝上舞台，朝台上麥爾坎．X的胸部、手臂、腿部發射了二十一發子彈。兩星期後，成千上百非裔美國人從塞爾瑪遊行到蒙哥馬利，遭阿拉巴馬州州警凶狠地用棍棒毆打、噴毒氣等殘酷地對待。隔天，三月八日時，三千五百名美國海軍陸戰隊員在越南落地，這是美國第一批派到越南作戰的部隊。到了五月，柏克萊大學有史以來最大規模的「座談會」占領了校園，共有三萬人參加。六月十六日，五萬名示威者包圍五角大廈反對越戰。當天，國防部長勞勃．麥納馬拉宣布再加派二・二萬名美軍前往越南。八月十一日，一名非裔美國籍駕駛人和員警之間的爭執在洛杉磯引爆了瓦特暴動（Watts riots），最後是出動四千名加州國民軍制止暴亂，造成三十四人死亡，損失達四千萬美元。十一月，五角大廈通知白宮，如果要打敗越共，美國的兵力將必須提高至四十萬人。

在動蕩的混亂局勢中，美國官員依舊對年輕人的想法視而不見或懷有敵意。至於流行文化界，普遍來說也只管繼續他們的生意。一九六五年奧斯卡頒獎典禮的最大贏家是《歡樂滿人間》（*Mary Poppins*），艾美獎則又一次頒給一九五九年開播以來就風靡大眾的《牧野風雲》（*Bonanza*）。儘管英倫入侵[79]（British Invasion）已經如火如荼地展開，但無線收音機上，甜美無害的歌曲依然引領風騷，比如蓋瑞・路易斯與花花公子（Gary Lewis & Playboys）的《鑽石戒指》（*This Diamond Ring*），可愛甜美到連卡通《鼠來寶》的花栗鼠也出了翻唱版。

美國年輕人希望找到一種藝術形式，能夠呼應他們每天在社會、政治、情感、道德

79 指英國流行樂、搖滾樂等文化在一九六〇年代席捲美國及加拿大的現象。

面上所經歷的起伏紛亂，於是轉而追求美國土生土長的藝術形式。在一九三〇年代，這意味著爵士和好萊塢電影。到了一九六〇年代，人們的注意力轉移到搖滾樂和漫畫上；前者是本能的、狂歡的、宣洩情緒的，後者則令人興奮、無拘無束，有如一個沙箱[80]，裡頭裝滿龐大但又可以自由調控的概念。這兩者都具有美國原生藝術的真正傳統——歡欣鼓舞地致力於偷竊概念、節奏、美學——也都具有廣泛傳布的影響力，使它們成為即時處理焦慮不安的理想工具。就像在大蕭條時期一樣，美國的憤怒再一次得到鬆綁，再次擺脫教堂和猶太教堂的長椅，在街頭肆虐。

再一次地，這些藝術形式不只要能夠讓大眾理解，還要能讓人去感受。要達到這種要求，它們必須不怕以遊戲的心情，去嘗試不同的姿態和概念，少一點擔心禮教，多一點關注那難以捉摸、「令人狂喜著迷的真實」。如果你想看社會認可的發洩方式，可以參考茱莉．安德魯絲（Julie Andrew）的電影《歡樂滿人間》。在撐著傘飛下來之前，她對電影裡的角色——和現實中的觀眾——發表了一段溫和感性卻又具有衝擊性的話，結果並未對社會秩序造成什麼負面影響。不過，如果你想深入了解六〇年代中期到後期的社會激昂氛圍和困境，就去聽傑佛遜飛船合唱團（Jefferson Airplane）的歌曲，或是看《蜘蛛人》。

既然漫威沙箱裡的沙子夠豐富，這意味著史丹．李的工作，不僅要將作品打造成商品，還要讓這些漫威的漫畫成為里程碑。要達成這個目標，史丹．李想出一個三管齊下的計畫。

首先，史丹．李決定讓漫畫本身反映美國的現實生活，並體現他與新興的反文化[81]（counterculture）的共通信念。一九六三年，他和科比推出新漫畫《福瑞軍曹與他的咆哮突擊隊》（*Sgt. Fury and His Howling Commandos*）。幾年後史丹．李表示，這個可怕的書名是他和古德曼之間的一個賭注：一部好漫畫即使有個糟糕的書名，也還是可以賣座。它的主題是第二次世界大戰，以在大眾出版品中擁有最多不同族群的角色為特色。嚼著雪茄的軍曹尼克．福瑞麾下的隊員，有猶太人伊西．科恩、義大利人迪諾．曼內利、愛爾蘭人達姆．杜姆，還有比較為人所知的非裔美國士兵加布里埃爾．瓊斯，以及珀西瓦爾．平

80 沙箱的原意是指裝有沙子的大箱子，小孩子可以在裡面玩耍，而不用擔心他們到處亂跑。
81 反文化不同於主流文化，甚至會與主流文化唱反調。

克頓。之後，史丹．李宣稱平克頓是漫畫史上第一個公開出櫃的角色——這很有可能是史丹．李出手的結果，因為他有時深諳此道。

史丹．李回憶道：「就是這樣，一部書名很糟的漫畫，主角群一字排開，可以看到各種少數族裔——那些偏執狂最不想看到的。」[5]但這部漫畫仍然表現得很不錯（所以福瑞會繼續在漫威超級英雄宇宙裡擔任核心角色），而這讓史丹．李相信，是時候讓他的下一個超級英雄不再只是另一個白人。

一九六六年七月，黑豹（Black Panther）在《驚奇四超人》的第五十二期首次亮相，比同名的「黑豹黨」[82]（Black Panther Party）與相關運動的出現還早了三個月。「黑豹」是帝查拉（T'Challa）的另一個身份），而帝查拉是非洲國家瓦干達（Wakanda）的統治者。瓦干達擁有豐富的外星礦物汎金屬（Vibranium），使此國得以發展出外面唯利是圖的世界一無所悉的先進技術。黑豹很快就成了驚奇四超人的朋友，還加入復仇者聯盟。他不僅在商業上獲得成功，在美國文化中也具有里程碑式的意義。他是漫畫知名系列作品中，第一個出現的黑人主角。

然而，漫威的角色和史丹・李比起來，往往相形失色。史丹・李的自我推銷天份讓他成為年輕人和對現狀不滿足的人崇拜的對象。他意識到，要獲得一票忠實讀者，漫威不能只是發表新作品——不論它們多具有社會意識——然後樂觀以待而已。這家公司必須以那個時代直截了當的風格聲明：漫威關心的不光是販賣漫畫而已。一九六七年，史丹・李推出了「史丹的肥皂箱」專欄，出現在漫威每一本漫畫裡，使他有機會經常針對新聞發表觀點，並向讀者表明他不是那種企業裡的老古板。

「很多漫威虔誠的信徒要求我們在社會的當前議題上，比方說越南、公民權利和犯罪增加，採取更明確的立場。」他在一九六七年九月出版的某一期漫畫專欄裡寫道。「我們有種預感，大多數漫威狂粉都非常了解我們在這類問題上的立場。長期以來，我們一直認為，漫威的首要責任是娛樂大眾，而不是發表主觀評論。當然，你們可能已經注意到，我們要將自己的信念排除在向你們呈現的驚心動魄傳奇故事之外，並非一件容易的

82 活躍於一九六〇年的左翼激進政黨，成員皆為非裔美國人，宗旨為促進美國非裔族群的民權，認為訴諸武力也是合理的。

事，但我們確實在以自己的笨拙方式試著這麼做。無論如何，既然你們才是漫威王國真正的編輯，那麼，是時候進行另一次讀者調查了！我們應該在作品中傳達更多觀點，或是更少？還是說，保持目前亂糟糟的狀態就好？」[6]不過，讀者的回饋不是很重要，因為史丹．李從來不會跟進或參考調查的結果。

航行在暗潮洶湧的水域——同樣是一九六七年九月，哥倫比亞廣播公司對於是否讓民謠歌手皮特．西格[83]（Pete Seeger）出現在斯慕德斯兄弟（Smothers Brothers）的綜藝節目上進行了審查，因為他們認為邀請這位來賓上節目太過政治化了——史丹．李有項特別的天賦，能夠讓讀者相信他和他們站在同一邊。他的所言所行，都不會將自己和團隊推出一般大眾能接受的界線之外。然而，他的核心支持者主要是大學生，而為了滿足這些支持者的需求，史丹．李意識到他有時也別無選擇，不得不發表大聲而激烈的言論，因為這是那些剛成年、聽馬里歐．薩維奧（Mario Savio）演說之人所期望的舉動。

「讓我們說清楚講明白。」一九六八年十一月，「史丹的肥皂箱」專欄這樣開場。「偏執和種族主義，是當今困擾世界最致命的社會弊端。但是，這些弊端和一群全副武裝的超級壞蛋不一樣，無法靠著一拳打在鼻樑上，或是雷射槍一射就可以制止。摧毀這些惡的方法，就是將它們攤在陽光下，揭露它們真正的隱患。

「偏執狂是一種不分青紅皂白的懷恨者——盲目而狂熱，不選擇仇恨的對象。如果黑人造成他的苦惱，他會討厭所有的黑人；如果有個紅頭髮的人得罪過他，他會討厭所有紅頭髮的人；如果某個外國人在工作上勝過他，他會對所有外國人存有偏見。對於從未見過、從不認識的人，他懷有同樣強度的厭惡，一樣痛恨。

「我不是要說一個人覺得別人很煩是不合理的事，只不過，儘管每個人都有權利不喜歡另一個人，但因此譴責整個種族、鄙視整個民族、毀滅整個宗教，這是完全不理性的事，根本就是瘋了。遲早，我們必須學會根據各自的優點來評斷對方。遲早，如果人類要配得上自己的命運，就必須讓我們的心充滿包容，因為這樣，也唯有這樣，我們才能真正配得上『人類是按照上帝的形象創造出來』的概念。這個上帝呼喚我們所有人，呼喚他的孩子們。願世界和平、有正義。史丹敬上」[7]

---

83 美國現代民歌之父，積極參與各種抗議活動，包括民權運動、反越戰，以及後來的環保運動。

但是，故事本體只是通往榮耀的途徑之一，風格又是另外一條路，而每個細節對漫威的成功來說都至關重要。為了讓漫迷知道漫威公司致力於打造大眾性、有趣的風格，成立「歡樂漫威前進會」俱樂部活動是個有效的方法。很快地，俱樂部分會湧現在全美國各地的大學校園內。入會需求如此之高，以至於史丹．李的助理弗蘿拉．斯坦伯格（Flo Steinberg）為了確保每位粉絲都能收到會員套組，還必須在週末進公司加班。

「我們必須寫下每個會員的名字，為每個會員製作貼紙，然後從信封裡把鈔票一張一張拿出來。」斯坦伯格回憶道。「鈔票多到我們可以往彼此扔來扔去！」[8]不久後，粉絲開始打電話到漫威辦公室，渴望跟作家、編輯群聊聊天，因為李幫他們取了綽號、為他們設計了人物形象，使他們顯得很可親。過沒多久，這些大學生有時甚至會跑到漫威位於麥迪遜大街六二五號的辦公室，希望可以遇到他們的朋友：「國王」科比，或「老兄」史丹。

但史丹．李沒有等他的粉絲來找他，就開始在全美國大學校園裡巡迴演講了。起初，他對自己得到的注目感到訝異，因為他不確定，當台下的孩子都比他年輕得多，又受過更良好的教育，自己這樣的四十四歲作家要如何對他們演講。一支記錄了史丹．李在普林斯頓大學露面的早年影片顯示，面對滿座侃侃而談、書呆型的崇拜者，他看起來幾乎有點緊張的樣子，並同時表現得小心翼翼。史丹．李發表了簡短、失去他平時水準的笨拙介紹後，便開放觀眾提問，一個年輕人立刻跳起來發問。他的疑問是關於索爾，以及在漫畫裡相互搏鬥的眾神。

「有個問題一直困擾著我。」這個漫迷說。「那就是，如果奧丁[84]（Odin）是宇宙之王，那他怎麼能夠容忍宙斯的存在？這些神是怎麼同時統治宇宙的？」史丹．李不假思索回答：「這種問答時間有時候太長了。」這個玩笑僅僅堪以掩飾他的侷促。這段期間以來，他的生活驟變，不再耗在漫威的牛棚裡，也不用再每個月想出幾十本漫畫的情節，而是站在演講廳的講台上，回答那些暗示他的作品在人們心裡已經超出創作領域的問題。[9]

史丹．李的憂慮不過是短暫的。他意識到，他與學生粉絲的交流提供了市場研究的

84 北歐神話的眾神之王。在史丹．李的《雷神索爾》故事中，奧丁統治阿斯加德族（Asgard），是索爾和洛基兩位神祇的父親。

機會。他很快就制定了一套例行程序，包括以風趣幽默的方式介紹漫威的內部運作方式，然後進行大約一小時的問與答。這個流程讓李聽到讀者的想法，然後他會趕回辦公室，將他們的想法化為情節點。大學的校刊記錄了很多史丹・李現身的場景，使得人數更廣大、有品味的權威層級也注意到漫威的作品。《村聲》（*Village Voice*）在當時仍是都會地區兼具流行和文學素養的模範刊物，有位記者寫道：「漫威的漫畫，首開能夠讓青春期過後、逃避現實的成年人也能投入其中的先河。第一次有漫畫能夠讓人召喚真實世界，而且是用隱喻的手法。」[10]

漫威的漫畫，也召喚了非真實世界。哈羅德・品特[85]（Harold Pinter）促成漫威出現在實驗劇舞台上。在詩人邁可・麥克盧爾（Michael McClure）的劇中，珍・哈露和比利小子之間進行了性明示的對話。麥克盧爾讓小明星珍・哈露在劇本一開頭的前幾行，提出一個與存在相關的問題戲弄牛仔比利小子。她低聲哼道：「在你可以刺探我任何祕密之前，你必須先找到真正的我。你想要哪一個我呢？」[11]珍・哈露在劇中一遍又一遍重複這句話，儘管當時很少有觀眾意識到麥克盧爾設計的這句重覆台詞，是從史丹・李和迪特科的《奇異博士》那裡借來的。

當然，不是每個人都崇拜史丹・李。脫口秀主持人迪克・卡維特（Dick Cavett）顯然不想給漫畫作家太多鎂光燈，只願意將大多數焦點留給像小說家戈爾・維達爾（Gore Vidal）或詹姆斯・鮑德溫（James Baldwin）那樣的人。一九六八年，當卡維特邀史丹・李上脫口秀節目時，他盡力保持禮貌，但另一位喜劇作家暨演員來賓帕特・麥考密克（Pat McCormick）就沒那麼克制了。

節目有個問題是詢問史丹・李關於年輕大學生最愛哪位漫威英雄，讓史丹・李需要向麥考密克和卡維特說明浩克的故事，因為他們對史丹・李或他的作品都不是十分熟悉。當史丹・李一回答完，幽默的麥考密克便咯咯笑著說：「這是伯特蘭・羅素[86]（Bertrand Russell）寫的那個嗎？」卡維特說了些搞笑的話圓場，史丹・李緊張地微笑說：「嗯，你

85 英國劇場導演暨劇作家，也有廣播、電視、電影作品。早期作品多被歸類為荒誕派戲劇。二〇〇五年諾貝爾文學獎得主。

86 英國哲學家、邏輯學家、評論家與社會批判者，以其數學邏輯與分析哲學的作品聞名於世。

這句話是非常大的讚美。」隨後他們又開了更多玩笑，大部分都是在挖苦史丹・李。

但是這位漫畫創作者，就像他筆下受苦受難的超級英雄一樣，在最後一幕戰勝了對手，重返勝利。史丹・李讓他認真的光芒蓋過了麥考密克輕浮的順口溜，他說：「我們對年輕人非常感興趣，對於世界上正在發生什麼事，也有很清楚的認知，或試著努力了解。我們正在嘗試各種方式，讓事情變好一點。我認為，當我們能從這些故事獲得更多力量，就能讓這些漫畫蘊含更多道德寓意，大家也就能變得越來越好。」

卡維特看上去很明顯被史丹・李的話打動。他再問了幾個問題，然後詢問麥考密克是否看過《雷神索爾》(*The Mighty Thor*)的漫畫。史丹・李朝這位喜劇演員微微一笑，插話說：「這本書裡有兩個音節以上的字詞，所以對你來說要閱讀可能會遇到一些困難。」現場觀眾倒抽一口氣，史丹・李則露出勝利的微笑。那些在家收看脫口秀的觀眾，毫無疑問知道誰是螢幕上最酷、最老練沉穩的人。[12]

史丹・李，本來只是個親切無害的年輕小伙子，一邊在辦公室到處吹奏陶笛，一邊編織穿著緊身衣的男人的故事，竟然搖身變成一個美國反傳統文化下受歡迎的偶像。古德曼出版帝國中有好幾位同事看到史丹・李的轉變，都驚訝得揚起了眉毛。一九六五年某一天，助理弗蘿拉在辦公室打電話通知史丹・李有人來找他，讓這些同事的眉毛揚得更高了。她說：「我不知道他們的名字，但帶頭的那位似乎叫做費里尼。」史丹・李去了辦公室大廳迎接他的客人，原來是費德里科・費里尼[87]（Federico Fellini）和他的隨行人員來紐約宣傳電影《鬼迷朱麗葉》（*Juliet of the Spirits*）。

亞倫・雷奈（Alain Resnais）[88]也是史丹・李的粉絲，主動寫信給他而展開書信往來，最終建立起友誼，也促使這位拍攝《廣島之戀》（*Hiroshima Mon Amour*）的法國導演來到美國，並在史丹・李位於長島的招待所裡，與他合作編寫一部探討污染危險的怪物電影劇本。[13]雖然辦公室裡有些人看到史丹・李奇蹟似地成了明星也覺得很開心，比如馬里奧・普佐（Mario Puzo）——史丹・李走紅時，普佐在為古德曼的男性雜誌寫稿謀生，距離他

87 義大利藝術電影導演，公認為二十世紀影響最廣的導演之一，代表作有《大路》（*La Strada*）、《八又二分之一》（*8½*）等。

88 法國藝術電影導演，法國新浪潮導演的代表之一，但本人並不承認，代表作有《廣島之戀》、《去年在馬倫巴》（*L'année dernière à Marienbad*）等。

出版《教父》（*The Godfather*）還有幾年時間——但其他人被激怒了，尤其是古德曼本人。

史丹．李在回憶錄中寫道：「隨著時間流逝，我開始注意到他的變化。不知道是什麼原因，漫畫的銷售增長越多，他對我的態度似乎變得越冷淡。起初我以為是自己在想像，但後來他的話裡開始帶刺，或是用得意的口氣告訴我，如果他早上醒來，決定將我們雜誌的定價提高幾分錢的話，公司這個決定就能比我一年中做的所有工作賺更多錢。他還直接告訴我，他給電影雜誌和他所謂高級男性雜誌的編輯群和作家們的報酬，遠遠超過給漫畫家的報酬，因為通俗雜誌發行人的身份更讓他引以為傲，畢竟它的文化水準比低級漫畫書來得高。事實上，我開始擔心自己會變得偏執，因為我開始覺得他好像很痛恨我們漫畫系列的成功。我有種感覺，看到漫畫銷售下滑或我的銳氣受挫，好像不會讓他不開心。坦白說，我認為他開始將我視為競爭對手，而不是當成員工看待。」[14]

史丹．李周遭的其他人也有和古德曼一樣的不滿。

「漫威式創作法」（The Marvel Method），讓史丹．李能夠先設計好整體劇情線，接下來交給旗下藝術家；他們不光是負責作畫，也可以在史丹．李回頭完成劇本之前，先行填補故事的關鍵構成。要確保史丹·李能夠同時編寫多部漫畫作品，這個流程至關重要，但也讓漫威辦公室許多人感覺史丹·李好像將大家分工合作的成果都算成自己的功勞。

科比對此特別沮喪。史丹·李雖然是《X戰警》、《驚奇四超人》和《復仇者聯盟》的創作者，但科比在這些故事的創造上，貢獻和史丹·李一樣多，而他的薪水仍然是以頁計酬，既沒有長期的財務保障，也沒有像史丹·李那樣每天沐浴在歡呼聲中。大多數時候，他只是低聲咕噥著，坐在他位於地下室的工作室書桌前；這裡被他暱稱為「地牢」。但是有一次，史丹·李的名聲讓他爆發了。

一九六五年末，《紐約先驅論壇報》記者納特·弗里蘭（Nat Freedland）來到漫威辦公室，介紹這間公司最著名的員工。史丹·李迷人又會吐槽自己，讓被迷昏頭的弗里蘭覺得他是「一條超級麥迪遜大道，又瘦又高的模樣宛如雷克斯·哈里遜[89]（Rex Harrison）」。弗里蘭被允許出席漫威公司某場故事會議，用對照描寫的手法來刻畫史丹·李與科比，讓他的讀者領略了「漫威式創作法」的實際運用，但又確保讀者知道誰是真正的明星。

89 英國知名電影演員，曾以電影《窈窕淑女》中的希金斯教授角色贏得奧斯卡最佳男主角獎。

弗里蘭繼續說，如果史丹・李是自信的魅力者，科比就是「兩眼鬆弛、穿著經濟學家羅伯・霍爾（Robert Hall）那種寬鬆西裝的中年男子。他咬著一根巨大的雪茄，如果你在地鐵上站在他旁邊，會把他當成腰帶工廠的助理領班那種人。」[15]

刊載這篇文章的報紙在一九六六年一月九日凌晨出刊。幾個小時後，史丹・李的電話響了，是科比的妻子蘿茲・科比（Roz Kirby）打來的。史丹・李回憶說：「她幾乎陷入歇斯底里，大吼著說：『你怎麼能做這種事？你怎麼能這樣對待傑克？』」[16]

史丹・李向她道歉，並保證會盡最大努力讓大家意識到科比是他的夥伴，而不是個萎靡地在辦公室裡閒晃的蠢才，只會順從地將史丹・李光芒四射的想像付諸實行。

儘管如此，這件事仍然讓科比覺得很受傷，但也從受挫的內心深處，浮現了也許是他和李可能創造出的最偉大作品，故事講述一個充滿感情的外星人，但憤怒的神對他施以考驗。這個深刻動人的道德故事，至今仍是漫畫史上最偉大的作品之一。可惜的是，這也是史丹・李和傑克・科比最後一起創作的少數作品之一。

CHAPTER 10

我的能力尚未受到充分的考驗：銀色衝浪手

就像許多漫威的超級英雄一樣，「銀色衝浪手」(Silver Surfer)的誕生也不平靜。

關於銀色衝浪手身世的代表故事，幾乎可以肯定是虛構的，但它就像神聖傳說一樣，已在讀者間代代相傳。傳言說史丹．李給了科比一張紙條，上面寫著八個字的情節重點，總結了《驚奇四超人》的下一趟冒險：「讓他們與上帝戰鬥。」兩人都沒有證實過這段傳言是否為真。事實上，多年後科比在為他的傳記做口述時，提及了一個更為現實的靈感來源版本：他在報紙上讀到惡意的企業併購客相關文章。他們蓄意收購成功的公司，掏空公司的資產後，繼續往下一個標的前進。

這件事觸動了科比。科比曾是個在街頭求生的頑強小子，感覺得到漫威的成功反而讓古德曼心生奇怪的嫌隙，而且他還聽到謠言說，老闆正在與各式各樣的人談論著他可能會出售漫威。科比知道，如果發生這種情況，他會幾乎失去一切。他沒有退休金，沒有長期合約，沒有任何未來工作的保證，也不像史丹．李那樣有人脈帶來的光采。在這種不祥的心情籠罩下，他坐下來，隨手翻閱史丹．李給他用來參考構思《驚奇四超人》第四十八集劇情的讀物。這時，從他負擔沉重的腦袋中浮現了一種生物：「行星吞噬者」

（Galactus）。

行星吞噬者是個頭戴角盔的巨大生命體，身穿某種結合希臘衣飾和高科技太空服的超現實連體服裝，胸前有個大大的G字，暗示他是漫畫界中，讀者見過最接近神的生命體。科比和史丹．李以純粹的《聖經》說故事方式，在故事的開場，讓紐約市上空突然被烈焰吞噬。驚奇四超人剛從艱鉅的太空任務返回地球，立即便採取行動，但他們對於著火的天空或下方街道受到驚嚇的人群也幫不上什麼忙。很快地，大火被另一個奇特景象取代：漂浮的岩石覆蓋了整個天際。無法弄清楚造成這所有混亂的原因，讓驚奇先生心煩欲狂。他不再刮鬍子或進食，讓隱形女越來越擔心他的健康。平常的漫畫節奏，都是以一個行動點燃下一個行動，但史丹．李和科比這回沒有採用尋常的模式，而是在短短幾頁中就營造出一種不祥的氣氛，讓他們的英雄和讀者為最壞的情況做準備。

最壞的時刻來了，以一種超自然的生物形態出現。這個外星生物叫做「觀察者」（the Watcher）。他是位仁慈的宇宙巨人，隸屬於某個古老種族，其任務是在銀河系中散布智慧。他們因為自己的星球被毀滅而受痛苦折磨，也迫使他們一族在太空流浪。這個生物不怎麼隱諱地象徵著猶太歷史。他出現在四超人面前，承認是他用火焰和岩石覆蓋了天空，目的是為了使這個行星避免受到行星吞噬者覬覦。觀察者解釋說，行星吞噬者是個無所不能的外星人，以行星的能量為食，令行星變乾燥、沒有生命，而他現在發現了地球。或者，更確切來說，是行星吞噬者的使者發現了這顆星球。

那個使者就是銀色衝浪手。他，也許是科比最偉大的創作。史丹・李與這位藝術家討論情節之後，驚訝地看著科比畫的頁面：一種金屬生物正乘著衝浪板，疾速穿越宇宙。對科比來說，在這個或那個格子裡填上某個情節點是一回事（事實上，這就是漫威式創作法的模式），但創造一個全新角色對他來說是前所未有的事。史丹・李回憶說：「我正在翻他畫好的漫畫，然後就看到衝浪板上的怪人在空中飛舞。我想：『科比，這次你真的過頭了。』」[1]

但是，如果說身為編輯的史丹・李對新角色抱持懷疑的態度，身為作家的史丹・李卻被勾起興趣了。在介紹「銀色衝浪手」時，科比用他的招牌技法「科比爆裂」製造出前所未有的效果，讓他新創造的生物沿著閃爍著藍色、紅色和綠色的路徑滑行。而且，他在給史丹・李的字條上寫的劇情設計非常合情合理：科比認為，如果行星吞噬者要當神，他應該會找來某個復仇天使，由這個天上生物來執行行星吞噬者最黑暗的命令。

基於這種神學思想，史丹・李和科比著手策畫故事的其餘內容。衝浪手滑行到地球後，就呼喚他的主人前來。這個主人降臨的畫面，是用一張嚇人而壯觀的全頁拼貼畫來表現。這是科比頭一次在漫畫裡使用這種技法。紐約的天空一片黝黑，迸裂的明亮黃色光芒點亮天際，閃著科技感藍色光澤的巨大太空船遮蔽了天空。這種視覺效果很適合史丹利・庫柏力克（Stanley Kubrick）兩年後（一九六八年）推出的科幻電影《二〇〇一太空漫遊》（*2001: A Space Odyssey*）。但即使這個畫面已經超前現代科幻經典的世界，它無疑仍給人留下這樣的印象：這艘藍色太空船中的生命體，絕對超出在此之前曾在漫畫中出現過的一切。

這個具威脅性的外星人到來所激發的末日審判感，只會在下一集漫畫中更加強烈。在之後的情節中，「四超人」開始與行星吞噬者戰鬥。長期以來，史丹・李都是設計全能惡棍的專家，他知道每個漫畫作家面臨的最大挑戰之一，就是使壞人看起來強大到足以構成威脅，但又不至於無敵到讓人感覺贏不了。畢竟，超級英雄永遠必須贏得最後的勝利。但是，該如何對抗像行星吞噬者之類的全能生物呢？這個問題讓史丹．李著迷。為了探索問題的答案，他運用了直接取自《聖經．民數記》的古老戲劇手法。

在〈民數記〉中，摩西派了十二名間諜前往迦南地，這是以色列人一直希望進入的應許避難之地。然而，當中十名間諜卻因恐懼而戰慄，報告說「應許之地」沒有流淌著牛奶和蜂蜜，而是充滿敵對的巨人。他們說：「據我們看，自己就如蚱蜢一樣；據他們看，我們也是如此。」[2]我們能從無數猶太教教士對這個故事的詮釋中明白，這些猶太間諜的犯的罪不僅是他們沒有看到土地的潛力、只看到自身的缺點，更嚴重的是，他們任由自我價值受挫，想像強大的敵人不過將他們當作討厭的昆蟲，然後又以同樣的方式看待自己。

站在行星吞噬者面前，驚奇四超人犯下同樣的罪過：在好幾頁的全頁畫格裡，我們看到四超人面對這散發傲慢霸氣的外星人，感到自慚形穢，經常說出灰心絕望的獨白，表達他們對自我的懷疑。驚奇先生凝視著行星吞噬者的巨大武器，大喊：「看看他如何無視我們……好像我們完全無足輕重。」[3]幾格之後，他和《聖經》的蚱蜢意象重疊了：當行星吞噬者投下一顆小炸彈，逼著他們四人連忙找掩護，他又抱怨說：「你看不出來嗎？他像對付討厭的蟲子一樣對待我們！這是宇宙版的殺蟲劑！」[4]

這種不尋常的信心喪失橋段，代表這四個超人必須贏得的鬥爭具有形而上的本質。他們自己也意識到這一點，而這說明了為何他們會撤退到位於巴克斯特大廈的總部進行沉澱沉思。比方說，當驚奇先生輕鬆悠哉地刮起鬍子，他向其他人解釋說：「在我們思考的時候，整理一下自己的儀容也沒有壞處。」[5]但是，當四超人停滯徘徊時，這本書的真正英雄「銀色衝浪手」即將覺醒了。

銀色衝浪手被石頭人痛擊後，被拋到附近的屋頂上。暈眩、受傷的他，發現一扇敞開的天窗，於是虛弱地滑入下方的房間。這是盲人雕塑家艾莉西亞・梅斯特絲（Alicia Masters）的工作室（她是石頭人喜歡的對象）。即使她看不到衝浪手掉進來，但仍能感知到衝浪手到來，連忙趕到他的身邊。梅斯特絲——在這裡是一九三〇年代那些經典怪獸電影的轉喻——這名敏感的女子，是唯一敢幫助這令其他人恐懼、厭惡的生物之人。梅斯特絲照顧銀色衝浪手，幫助他恢復健康。而當銀色衝浪手終於開口時，史丹．李對這角色的著迷程度開始變得顯而易見。

漫威宇宙中的其他任何角色開口時，都會說有趣的玩笑話，飛快吐出雙關語或流行語，偶爾搭配有意義的內省。但衝浪手沒有像他們一樣，而是用與他超凡脫俗的眼神相匹配、洪亮的《聖經》式節奏說話。當梅斯特絲告訴他，她不了解他是誰時，他凝視著遠方，回答：「這有什麼重要呢？知道了也改變不了命運的方向！」[6]這句話，為一場漫威過去所有角色都不曾有過的最不可思議、最重大的戰鬥奠定了舞台基礎。一個殘疾女子，除了理性和同情心之外，別無其他力量，但仍嘗試說服無情而強大的外星人相信：人類值得拯救。

於此同時，四超人在不遠處忍受著自己精神上的動盪。觀察者告知他們，阻止行星吞噬者的唯一方法，是取得一種名為「終極抹除者」（Ultimate Nullifier）的工具。它可以說是故事中的麥高芬[90]（MacGuffin）。不用說，終極抹除者隱藏在宇宙最遙遠的深處，意味著身為人類的四超人之一「霹靂火」強尼．史東，在行星吞噬者耗盡地球的生命之前，將必須冒著慘遭殞滅的風險，取得這項終極武器。

「你要向後去……回到很遠很遠的地方……進入無限宇宙的中心！」觀察者如此告訴霹靂火。少年的臉上寫滿了痛苦，嘴部凍結在無聲尖叫的形狀，身軀消失在白色、粉紅色和黃色的星體之間。「你已經不存在自己的時空了……你要前往的目的地距離是如此遙遠，已沒有任何語言足以形容這種距離！」[7]科比的畫完美捕捉了太空的無限與空虛，讓讀者不禁懷疑霹靂火是否能在這一片虛無中，找到通往終極武器之路。而且，即使他達成了目標，又是否可以保持意識清醒、安全返回自己的星球，而不會受到旅程的傷害、損壞他的心智。他的航程沒有其他麻煩任務，沒有太空怪物需要戰鬥，也沒有小行星需要躲避。他要面對的，只有人類被迫去思考世間造物（creation）的奧義時那份狂暴的壓力。

當霹靂火在外太空燃燒自己時，梅斯特絲在她的公寓裡，用拳頭猛擊衝浪手銀色的

---

90 電影等敘事創作中，推動劇情的人物、物品或目的。是主角在故事中要爭取或摧毀的目標，讓劇情得以繼續發展。

胸膛。她大吼：「你打算毀滅地球！」衝浪手一如既往平靜，不同意她的說法。他回應：「毀滅只是一個詞！我們只是改變事物！我們將元素轉化為能量……維持行星吞噬者的能量！因為只有他才重要！」他的聲明令梅斯特絲大為惱火。她尖叫說：「才不是這樣！不！我們全都很重要！每個生物……每隻鳥和野獸……這是我們的世界！我們的！」[8]

這段話令人想起《塔木德》裡著名的對談。它已經成為猶太神學主要訓誡的代表，表述神與人之間關係的複雜性。在這段文字中，一群拉比正在辯論某種特定類型的爐灶是否符合儀式的純潔性。除了埃利澤（Eliezer），所有拉比都認為它是不潔的。埃利澤使出自己所有學識投入爭論。當他的同伴拉比仍然不被說服時，沮喪的埃利澤決定訴諸奇蹟。他大聲說：「如果我的觀點符合猶太律法哈拉卡（halakha），這棵角豆樹將證明這一點。」結果，就如他所言，那棵樹自己連根拔起，踮起樹根走動到一百五十英尺遠的土地上，然後自己重新扎根。

埃利澤得意不已，但他的同僚不為所動。他們說：「沒有人會用角豆樹當作哈拉卡的證據。」埃利澤生氣了。他說：「如果我的觀點和哈拉卡一致，這股溪流將證明這一點。」溪流中的水這時開始倒流。另一名拉比反駁說：「沒有人會拿溪流當作哈拉卡的證據。」這種情況持續了一段時間，直到埃利澤請求最終裁決者現身。他宣告：「如果我的觀點符合哈拉卡，天堂將證明這一點。」他剛說完，自修室裡便響起神聖的聲音。那聲音說：「他表達意見時，所說的一切都與哈拉卡相符。既然如此，為什麼你們依然不同意埃利澤拉比的看法？」但這場辯論至此仍未結束。

約書亞（Yehoshua）跳了起來，說道：「我們現在不在天堂。」這意味著，上帝將《妥拉》[91]（Torah）賜予人類後，決定萬事萬物真正意義的是地面上的我們，而不是天堂裡的祂。這個故事以幾年後的一樁軼事作結。納坦拉比（Natan）與先知以利亞（Elijah）碰面，問他上帝對於整個激辯式交流的看法。《塔木德》這樣總結：「以利亞對他說：聖潔的神，願祂保佑，祂微笑著說：我的孩子們贏過我了！我的孩子們贏過我了！」[9]

銀色衝浪手也有同樣的感覺。「我從沒聽過這樣的話……」他告訴梅斯特絲。「從沒感覺過這種勇氣……或體會過這種奇異的感受……這種全新的情感！」[10]這種奇異的感

91 即一般常稱的《摩西五經》，猶太教最重要經典之一。

受代表衝浪手道德感的覺醒，讓他願意起身捍衛那些他的天上主人不皺一下眉頭就能摧毀的無辜生物。衝浪手跳到他的衝浪板上，決心做一件對他來說不可思議的事，勇敢對抗行星吞噬者。當他奔赴最後的戰役時，他說：「我的能力尚未受到充分的考驗！」[11]

銀色衝浪手及時趕到。四超人正無助地看著行星吞噬者，為世界末日做最後的準備。隱形女嘆息道：「他這麼強大……配備著我們從來沒聽過的武器！我們哪有機會贏？」驚奇先生開口，聽起來也沒有很相信自己說的話：「親愛的，永遠都有機會的……只要我們還活著！」石頭人則一如既往樂天，吐槽他的同事：「是嗎？那會是多久？」[12]

要得到這個問題的答案，漫迷們得等到下一集出刊，標題是〈銀色衝浪手驚世傳說〉（The Startling Saga of the Silver Surfer），然後翻開第一頁就因史丹．李的一句話而歡呼。史丹．李宣稱這一集是「無與倫比的盛典，令人自豪的完美巔峰。」[13]但接下來登場的，並非漫威一貫那種押頭韻、慷慨激昂的風格。翻開第一頁，只見衝浪手懇求行星吞噬者：「主人！這是我頭一次意識到你打算做的事會產生多麼可怕的後果！你不應該蓄意破壞其他世界！你不能摧毀整個人類種族！」[14]

行星吞噬者嘲笑他的僕人新生的情感，告訴銀色衝浪手地球不過是一個蟻丘。衝浪手不為所動，再次幫人類求情，當行星吞噬者拒絕聆聽他的請求時，他直接對抗他的主人：「我也是宇宙的生物！我也可以釋放力量，這些力量一旦被釋放，將會就從此失去控制！」[15]為了證明自己的論點，他發出強力的能量電光攻擊行星吞噬者。錯愕的天神斥責衝浪手背叛了他。「背叛你？」衝浪手回答。「我永遠不會背叛你！但如果我不為了防止人類滅絕而奮鬥，我就是背叛我自己！因為在這裡……在這個寂寞的小小星球上……我找到了人類所謂的……良心！」[16]

這是個動人的故事，講述任何人都可能面臨的終極考驗：鼓起勇氣反抗個人所信仰的天上主人。這段情節幾乎沒有改動，直接取材自〈創世記〉。〈創世記〉第十八章中，上帝告訴亞伯拉罕，他將要襲擊所多瑪與蛾摩拉，懲罰那裡的惡人所犯的罪。令人驚訝的是，亞伯拉罕反對這個命令。他從未見過那些上帝定罪的人，但他已經發展出人們所謂的良心，而且在上帝重重打擊他的孩子們時，他不會袖手旁觀。亞伯拉罕像衝浪手一樣，忠實地服侍他的上帝。他和衝浪手一樣，離開了家，前往上帝指示他去的地方。他也和衝浪手一樣，現在正在為完全陌生的人爭取生存的權利。

亞伯拉罕上前一步，說道：「無論善惡，你都要剿滅嗎？假若那城裡有五十個義人，你還剿滅那地方嗎？不為這五十個義人饒恕城裡的人嗎？」[17]驚訝的上帝同意如果能找到五十個正義的人，祂就願意饒恕這座城鎮，但是對亞伯拉罕來說，談判才剛剛開始：明明無關自己的利益，他繼續試圖說服上帝為四十個義人寬恕這座城，然後又變成三十個、二十個，最後他請求上帝為了十個正義的人放過所多瑪與蛾摩拉。

遺憾的是，這兩座罪惡城市甚至連少數的無辜者都找不到，因此很快就遭到摧毀。但亞伯拉罕無論如何都改變了自己，進入了哲學家蘇珊·尼曼（Susan Neiman）所謂「果斷的普世主義」境界。她寫道，亞伯拉罕「冒著上帝發怒的風險，為了他不認識的無辜人民生命跟上帝辯論。在任何地方，他都是那種會勇敢對抗不公不義的人。」[18]他不再將他的人類同胞視為純粹的抽象概念，而願意像上帝一樣介入他們的生活，代表他們站出來抗爭。他認知到如同哲學家齊克果[2]（Soren Kierkegaard）的名言所說的，宗教理性高於純粹的道德理性，因為宗教理性需要展現像亞伯拉罕那樣從激進的同理心出發的行動，否則，真正的正義將難以實現（或不可能實現）。[19]

行星吞噬者像上帝一樣，對僕人的崇高轉變印象深刻。不同於上帝，他認為仍然必須懲罰不服從的人。在霹靂火帶著「終極抹除者」返回，並迫使行星吞噬者撤退之後，行星吞噬者奪走銀色衝浪手穿越宇宙的能力，懲罰他永遠待在地球上。當行星吞噬者在宇宙洪流形成的紅色風暴中離去時，他說：「我終於在人類的種族中感受到了一絲榮耀的光芒！人類，讓你們自己永遠配得上這份榮耀，人類……謹記你們偉大的承諾！因為有一天，它將讓你們飛升到星空之上，或是將你們埋在戰爭的廢墟中！選擇權在你們自己手上！」[20]

人類之所以為人類，正是因為他們會做出糟糕的選擇：在漫畫的尾聲，史丹．李和科比給了讀者兩頁反高潮的橋段。首先是石頭人嫉妒梅斯特絲對銀色衝浪手的喜愛，然後收在一直折磨蜘蛛人的報社老闆喬納．詹姆森在頭版上主張根本沒有什麼行星吞噬者，這號人物不過是四超人為了爭取注意力而捏造的騙局。

儘管結尾令人擔憂，又或許正是因為如此，讀者立即意識到，這後來被稱為「行星吞噬者三部曲」的故事，即使是對史丹・李和科比來說，也是一個大突破。

在三部曲裡，有趣的超級英雄與破壞者大軍作戰，故事偶爾觸及深層的道德問題，並夾雜《聖經》與猶太神學的暗喻。不過，藉此來提振漫畫這種藝術形式是一回事，創造出三部曲的故事弧線直接探討信仰危機、理性的侷限、道德的綻放，又是另外一回事了。許多渴望理解這故事的漫迷寫信來漫威，信裡暗示整個故事在某種程度上是越戰的寓言，警告人們遠離毀滅，同時呼籲美國人找到自己的信念、效仿銀色衝浪手的勇氣。史丹・李以他的招牌風格，溫和地嘲笑了這些粉絲的理論。「我敢保證，我們下次收到的郵包裡，會有一堆想像力一樣豐富的漫迷來信，說他們相信行星吞噬者就代表國防部長勞勃・麥納馬拉，銀色衝浪手是韋恩・摩斯[92]（Wayne Morse），而梅斯特絲象徵小瓢蟲[93]（Lady Bird）！」[21]

史丹・李的笑話其實掩蓋了他對現今被稱為「太空哨兵」（the Sentinel of the Spaceways）的銀色衝浪手身影的痴迷。銀色衝浪手，比任何其他漫威角色都更能讓史丹・李實現自己的童年幻想：寫出偉大的文學作品來探索人性的複雜面。接下來的兩年內，銀色衝浪手多次出現在各部漫威漫畫中，即使他後來沒有首次登場那麼壯麗，史丹李仍然發現銀色衝浪手對他日益大膽的神學探索來說，是完美的媒介。例如，在《驚奇四超人》第七十二期中，銀色衝浪手拚了命地努力讓自己成為人類的敵人，以幫助人類團結起來，防止人類又因不必要的戰爭與惡化的極端主義而自毀。再一次，四超人絕望地迎接了這個消息。當驚奇先生開始與這銀色外星人作戰，隱形女提出了疑問：「但是……他要採取什麼行動……來對抗無所不能的銀色衝浪手？」再一次從旁協助人類生存的觀察者，嘲笑她的愚蠢。「無所不能？」觀察者說道。「只有一個人值得這樣的名號！而他唯一的武器就是愛！」[21]

科比也對衝浪手寄予厚望。他在一九六七年底得知史丹．李正要給這個角色製作一個獨立系列，便著手創作一個講述銀色衝浪手起源的新故事。但史丹．李選擇了另一位

92 原是共和黨員，後加入民主黨，強力反對越戰。

93 美國第三十六任總統林登．詹森（Lyndon Johnson）的妻子克勞迪婭．阿爾塔（Claudia Alta）的外號。約翰．甘迺迪總統被刺身亡後，詹森繼任總統，「小瓢蟲」就是美國的第一夫人。

藝術家約翰·巴斯馬（John Buscema）來代替科比為這系列作畫，而且第一集已經送印。對藝術家科比而言，更刺痛他的是，他希望將銀色衝浪手塑造成純粹的能量。科比認為，這樣才能解釋為什麼銀色衝浪手對於人類的基本概念，諸如愛、恐懼和憤怒，會如此一無所知；但史丹·李沒有尊重他的想法。他重新塑造了銀色衝浪手，將他打造成曾經是像人類一樣的角色，曾經與行星吞噬者合作，而且為了拯救他所愛的女人而犧牲自己的人類外形。

科比看到自己的創作被史丹·李整碗端走，讓他感覺比以往任何時候都還不安。他知道，與史丹·李攜手是沒有意義的事。每當科比來找他抱怨，史丹·李都會辯稱他也只是漫威的僱員，沒有權力做任何事來確保公司給予科比尊重，還有科比應得的報酬。苦澀的科比決心將自己的工作職責降到最低；那些他已經想好的其他角色或故事線，在他和古德曼達成滿意的協議之前，就自己保留著就好。他的妻子蘿茲·科比說：「在他獲得更好的條件之前，再也不會提供銀色衝浪手的故事了。」[23]

如果史丹·李有注意到夥伴的挫敗感加深，他也沒說什麼或做什麼去解決這個問題。相反地，他忙著思考未來。一九六六年初，以DC漫畫知名角色蝙蝠俠為本的半小時影集在美國廣播公司首次亮相，而且很快就成了最受歡迎的電視節目。史丹．李一直努力使漫威在漫畫領域超越主要競爭對手，這對他而言無疑是個壞消息。更糟糕的是，該影集的編劇小洛倫佐．森普爾（Lorenzo Semple Jr.）將「披風戰士」蝙蝠俠和他的夥伴羅賓重新打造成一對有自知之明的超級英雄，賦予影集一種幽默和玩笑的調性，而那正是史丹．李在漫威花了半世紀辛辛苦苦創造出來的風格。

森普爾甚至用了漫威的招牌特色：讓超級英雄角色跨界的手法。他找來曾經在電影裡扮演青蜂俠（Green Hornet）的范．威廉斯（Van Williams）和扮演加藤（Kato）的李小龍客串演出，宣傳自家的超級英雄影集。當《電視指南》雜誌在一九六六年底介紹范．威廉斯這號人物時，還指出他在螢光幕外身為精明投資人所獲得的成就，標題裡稱呼范．威廉斯為「你友善的鄰家大亨」，戲謔地模仿了史丹．李之前宣傳他最知名作品《蜘蛛人》時所用的句子。[24]雪上加霜的是，以史丹．李的角色為基礎的動畫影集也在一九六六年推出，劇名是欲振乏力的《漫威超級英雄》（*The Marvel Super Heroes*），最後只播出原訂的六十五集。大部分觀眾也認為這部動畫太愚蠢，無法認真看待它。

對於史丹・李這位打造公共形象的大師而言，這是最糟糕的事。為了定義、打磨漫威的市場鑑別度，史丹・李艱苦工作了那麼多年，在行銷專家摸索出那些行銷術語、具體規格的許久之前，便已將漫威打造成一個品牌。如今，他的競爭對手吸收了他的點子，連媒體界也把他的語言套用到所有的漫畫上。

由於他在公司的位置無法讓他擁有真正的權力——他有得到應有的報酬，但對於自己筆下的角色沒有任何權利——他幾乎無能為力使漫威航向更有前景的水域。他認為，古德曼遠非世界上最理想的老闆：他是個推銷員，在一個截然不同的時代發跡、壯大，同時也是個沒有安全感的商人，羨嫉史丹・李的名聲。沒人知道古德曼會採取什麼舉措來跟DC競爭（如果他有在想的話），也無從得知它們對史丹・李會有什麼樣影響。史丹・李年少時經歷過經濟大蕭條的痛苦和失業恐懼的淬煉，因此決定要加把勁塑造他唯一可以完全控制的漫威角色：史丹・李。

CHAPTER 11

唯一條件：「史丹·李必須留在漫威！」

一九六八年五月，史丹．李在「史丹的肥皂箱」專欄中通知讀者，他們很快就能拿在手裡的最新漫畫將會是「一本與眾不同的漫畫雜誌，就像一枚飛彈與一團紙球那種不同！」開了一番玩笑後，史丹．李說明這本雜誌將以《蜘蛛人》為主角，售價高達三十五美分，幾乎是一般漫畫書價格的三倍。史丹．李變得嚴肅起來，誓言最新作品將會是他最偉大的作品。他寫道：「整個漫畫界迫切需要向前邁進這一大步。這是人們期待已久的飛躍，帶領漫畫飛升至偉大文學的下一階段。」[1]

這本漫畫在七月發行時，書名為《驚奇蜘蛛人》（*The Spectacular Spider-Man*），封面圖像是以壓克力顏料繪成，讓它更有成人讀物的感覺。為了進一步提升這本漫畫的嚴肅感，它的內頁是黑白印刷，史丹．李希望這項改變之舉最終能幫助漫威的讀者群，從孩子和大學生轉變為一般成人大眾。

但這本漫畫沒有達成轉換讀者群的目的。這本新《蜘蛛人》漫畫幾乎沒什麼特別收穫。長期以來對成功習以為常的史丹．李，他舔舐傷口的方法，就是將注意力集中到那些最喜愛他的讀者身上，提高他拜訪大學校園的頻率和投入程度。不同於以前蜻蜓點水式的造訪（只簡單談一下後就回旅館休息），史丹・李現在會花幾小時，甚至好幾天，與年輕粉絲們相處。漫威動畫的製作人羅伯特・勞倫斯（Robert Lawrence）曾經陪同史丹・李拜訪幾次校園。「那些孩子很驚人。」他回憶道。「我們大概在教堂山跟他們共度了三天的時光吧。他們熬一整夜喝啤酒、跟史丹・李聊天。」[2]剛好，當時《君子》雜誌在他們一年一度的校園特刊中，提供了六頁全彩版面給漫威的角色，還寫到：漫威公司「賣出五萬件印刷圖樣T恤、三萬件長袖圓領運動衫，而且兩款的成人尺寸都賣光了。」[3]

史丹・李比過去任何時候更注重外表。他戴了一頂假髮，遮掩他漸漸後退的髮際線，還留了鬍鬚，使他看來不像個中年作家，更像校園裡那些年輕人所景仰的年長帥氣政治家。帥氣的表現，並非只有尊敬這種形式。李和科比也忙著向求新求變的讀者展現他們也不害怕自我諧擬（self-parody），合作了一本名為《這不是漫喂》（*Not Brand Echh*）的新漫畫，大開他們英雄偶像的玩笑，還用了一般大學生最愛的元素來吸引他們，例如第一集的主角是「銀色打嗝仔」，他給「石咚人」一個看來像抽大麻用的煙斗，還催促他趕快吸一口；另一邊，在「巴普斯特」大廈，「理草茲」正準備與他的死敵「開花博士」（Dr.

Bloom）戰鬥，「霹靂人」在一旁驚呼：「草茲，小心！你是可燃的啊！」[4]

另外，由於漫威要求「歡樂漫威前進會」收攤——古德曼認為這個俱樂部對公司的營利沒有多大貢獻，因此必須淘汰——史丹．李想出另一種伎倆來吸引讀者關注，寄出一系列「銘謝惠顧」的信封給他們，裡面什麼東西都沒有。

然而，正當史丹．李熱切渴望與年輕人的靈魂接上線時，兩個災難性事件打亂了他對未來的計畫。第一起事件發生在數千英里之外：越南敵軍突然發動新春攻勢[94]，奪走成千上萬條的性命，美軍對此完全措手不及。在美國，越戰的議題本來就已經造成社會嚴重分裂，如今更急遽惡化，演變成一場全面爆發的危機。

一九六八年二月二十三日，美國兵役處發布了新的徵召令，徵召四萬八千名士兵，這數目在這場血腥戰爭的歷史中高居第二。五天後，國防部長勞勃．麥納馬拉辭職下台。三月初，「美國最值得信賴的人」華特．克朗凱[95]（Walter Cronkite）在廣播上宣布，他相信只有和平對談才能結束美國在越南的僵局。三月三十一日，總統林登．詹森宣布他不會尋求連任，震驚全國。接下來，馬丁．路德．金恩在四月遭人暗殺，羅伯．甘迺迪[96]（Robert F. Kennedy）在六月也遭暗殺身亡。美國的政治體系動盪不安，年輕的美國人期待他們的藝術家能夠呼應這場在他們周遭咆哮震天的混亂。

史丹·李還沒準備好要採取任何行動來回應這些議題。他是個溫和的自由主義者，能夠體會大部分年輕讀者的沮喪心情，也讚賞他們為社會正義奉獻的心力，但他更是個精明的推銷員。他知道，對一件產品來說，沒有什麼比在激烈的爭議話題上選邊站更傷害產品形象了。有個粉絲在漫畫的問答單元裡當面挑戰史丹·李，指責漫威探討的政治層面不夠豐富，史丹·李這樣回覆這位粉絲：「我們的想法是，漫畫雜誌可能不太適合承載社會議題的訊息，以免變得過於沉重。這種判斷有可能是錯的，也許我們該採取更強力站出來。也許我們未來就會這麼做！」[5]漫威很快就這麼做了——或至少應該說，

94 一九六八年一月三十日，越南民主共和國人民軍和越南南方民族解放陣線游擊隊聯合採取攻勢，突然襲擊美國及越南共和國聯軍，造成死傷慘重。

95 冷戰時期，美國最富盛名的電視新聞節目主持人，哥倫比亞廣播公司的明星主播。

96 前總統約翰·甘迺迪的弟弟，曾參與一九六八年美國總統選舉的民主黨黨內初選，並占有優勢，尤其吸引非洲裔、西班牙裔和天主教徒等少數族裔選民，但在同年遭刺殺。

他們嘗試這麼做。幾個月後，在這動盪的一年即將來到尾聲之際，第六十八集《神奇蜘蛛人》在書報攤上架販售。這集名為〈校園危機！〉的漫畫封面上，可以看到吊著蜘蛛絲的蜘蛛人在空中飛速行動，下方是一群舉著標語的憤怒學生。

「金霸王」(Kingpin)是蜘蛛人的次要敵人之一。在這一集裡，他花了稍長的時間以近乎搞笑的方式展現自己的力量，然後宣布他打算偷走一塊擁有全能力量的古代石碑。接下來，故事跳到彼得．帕克抵達帝國州立大學，他是那裡的學生，不料偶然在校園裡撞見一場大型示威活動。他問示威活動的領導者(一位叫做喬許的非裔美國人)這是怎麼回事，得到一個無禮的答覆。喬許說：「嘿，白鬼，你想知道多少？」然後簡短說明了他和朋友們在要求校方將學校的一間禮堂改造成低收入學生的住所。彼得．帕克勉強追問喬許，學校的教務長如何看待他們的訴求。喬許宣稱：「他說什麼我們都不會信！從現在開始，是他們該聽我們的！」

彼得．帕克再也受不了他這種目中無人的說話方式：「先生，任何人都可以製作標語，但它不代表你就是正確的一方！」但就在彼得．帕克生悶氣的時候，喬許和朋友們決定要占領學校禮堂，就像幾個月前現實中的學生在哥倫比亞大學所做的那樣。然而，禮堂大廳正好在展出金霸王想竊取的古代石碑，那些看守文物的軍官順勢取出武器瞄準學生。彼得．帕克在一旁觀看，心情一陣紛亂。他說：「在這種場合，任何事都可能發生。我能做什麼呢……任何人……能夠做什麼呢？這種時候……連小蜘蛛我也無能為力！」

但是當金霸王出現，彼得．帕克別無選擇，只能換上他的蜘蛛人服裝與這壞蛋戰鬥。金霸王想要偷走古代石碑，再推到年輕抗議者身上。那群激進份子最終發現了蜘蛛人，並認定他像金霸王一樣是他們的敵人，於是發生一場混戰。最後，金霸王拿著石碑逃走了，抗議者被捕，蜘蛛人以一句牢騷結束了這場冒險，沒有半點舒爽的感覺。[6]這個不幸的故事在兩集之後劃下句點。最後是教務長與示威的學生和好，告知他正在幕後努力與學校董事會合作、進一步為他們爭取權益，並為自己之前沒有好好聆聽他們的訴求致歉。

這個故事線證明了史丹．李之前的堅持是正確的：漫畫應該著重在故事上，而不該長篇大論地說教。故事中的角色對比——金霸王的古怪對比學生顯得太過真實的要求，蜘蛛人的玩笑對比抗議者憤怒的正義語言——都太過懸殊、彼此衝突，使漫畫既失去了娛樂效果，也沒有教化意義。史丹．李在學習讓作品變得政治化，而這意味要犧牲漫威的風格，並且等於要將他原本不受時代影響的道德觀探索，換成當下更膚淺、更激烈的表面意涵。

不過，如果說這個國家的局勢動盪不安，那麼漫威本身也面臨同樣的混亂。六月，一位名叫馬丁．艾克曼（Martin Ackerman）的併購大亨與古德曼接洽，提出的價碼令古德曼難以拒絕。艾克曼的財富來自買下不同類型的產業，例如雪茄店、藥房、電影製片廠，然後將它們拼貼在一個屋簷下，公司名為「完美電影暨化學公司」。一九六八年早些時候，他買下了柯蒂斯出版社（Curtis Publishing），這是《女士之家》雜誌和《週六夜郵報》崇高神聖的發源地，諾曼．洛克威爾（Norman Rockwell）花了幾十年時間在那裡打造了一個讓人看見符合美國本質的那些最美好人物的園地。艾克曼可沒有那麼理想主義。第一次見到新員工時，他就對他們說：「我是馬丁．艾克曼。今年三十六歲，非常有錢。我希望再一次讓柯蒂斯公司荷包滿滿。」[7]在他位於紐約上東城區一棟豪華城區住宅的辦公室裡，掛著一張他的肖像油畫，畫裡的他手拿著《華爾街日報》。古德曼對艾克曼留下深刻的印象，同意出售自己這間公司，換取一千五百萬美元現金和完美電影暨化學公司的一些股票，而且他要在公司併購後，繼續擔任公司團隊的發行人。艾克曼說他的唯一條件是：史丹．李必須留在漫威。

史丹．李在自傳中回憶道：「我覺得這真的是超大的恭維。我最親密的朋友之一馬歇爾．芬克（Marshall Finck），也是個傑出的商人，是一家大公司董事會的主席。他告訴我說我的合約很重要，因為這是是漫威能不能賣出去的『關鍵』。馬歇爾說我幾乎可以跟古德曼提出任何要求，而他都必須滿足我。」但史丹．李從來都不是跟老闆討價還價的人。他問芬克：「你覺得我會侮辱他、跟他說『那你要給我什麼？』嗎？」史丹．李繼續說：「我相信他會公正行事！我不是會忘恩負義利用這種情況賺錢的那種人。」史丹．李一向忠於古德曼，從未考慮直接與艾克曼對話。

李回憶說，芬克「只是覺得可悲地搖了搖頭，嘆了口氣，然後就走開了。」芬克顯然是內行人，看出事情的走向。第二天晚上，史丹．李夫婦與古德曼一家共進晚餐，漫威的長期老闆向史丹．李保證，如果他留在公司，他將獲得「一些有價值的認股權證」。史丹．李同意了，但不論有價證券或其他證券，最後都沒有兌現。[8]

在史丹．李適應漫威的新狀況之前，它再次發生了變化，艾克曼離開了自己的公司，由露華濃的前首席財務長謝爾頓．費恩伯格（Sheldon Feinberg）取而代之。費恩伯格出身貧困，商場生涯讓他變強悍。他相信老闆最好的管理方法就是威嚇下屬。他入主漫威公司，要求效率、服從和紀律，但這些都不是最適宜滋養創意靈魂的環境條件。

不幸的是，這時候正值科比與漫威合約到期的過渡期。史丹．李要求科比代打銀色衝浪手的作畫工作——它至今仍是科比的痛處——而他正在等他的律師談成新合約，希望這次可以讓他獲得長久以來一直無法到手的肯定和安全感。但費恩伯格一點也不在意藝術家，而且科比不像史丹．李，他從來沒聽說過傑克．科比，認為這個「漫畫之王」不過是另一個脾氣暴躁、自我膨脹的藝術家。當科比收到新合約，他被激怒了，因為公司給他的條件還沒以前優渥。在漫威工作幾十年並且跟ＤＣ公司眉來眼去多年之後，他打了電話給ＤＣ的老闆卡邁恩・因凡蒂諾（Carmine Infantino），跟這間漫威公司的最大競爭對手簽署了為期三年的合約。

科比認為史丹・李會幫他對費恩伯格和他那些年輕、無知又無情的主管們說些好話。目前我們尚不清楚史丹・李是否曾經這麼做，或者說，如果他有心的話，是否可以做得更多。於此同時，科比開始將他這位前夥伴視為造成他苦難的元凶。跳槽ＤＣ後，他一開始投入的那些案子之一是宛如歌劇般的「第四世界」（Fourth World）大長篇系列，內容是新的神祇與祂們經歷的冒險。這部大長篇中最成功的系列之一是《奇蹟先生》（*Mister Miracle*）。在它的第六集，科比為這個世界引進一個可怕的新反派。

「在成功與失敗之間的陰影世界中，」他寫道。「有個夢想著擁有一切、奮發向上的男人！這個沒有品格或原則的機會主義掠奪者，會像食人族一樣掠食一切！包括你在內！就像死亡和國稅局一樣，我們每個人都總有一天要跟他打交道！所以，在這一集中，我們前往他的所在之處——在南北戰爭之前，那尚未衰敗、輝煌的仿聲鳥莊園！——然後，跟『搞怪浮誇男』一起等待果陀[97]吧！」[9]

當然，這位「搞怪浮誇男」（Funky Flashman）看起來就和史丹・李一模一樣，是個笑容滿面、髮際線正逐漸往後退的男子。不多久後，這個角色戴上了假髮和鬍鬚，看起來很時髦。他住在一個大農場裡，透過詐騙和壓迫他人來賺錢。這是對史丹・李的一番直接攻擊。「搞怪浮誇男」的同伴房羅伊（Houseroy）也一樣，暗指漫威作家兼史丹・李的知己羅伊・托瑪斯（Roy Thomas）。科比似乎在暗示，羅伊・托瑪斯在史丹・李極盡剝削人的莊園中是某種奴隸。

史丹・李對科比這波攻擊，或是科比離開漫威，沒有公開發表任何意見。看起來他是盡其所能以圓滑的方式處理，也盡可能地努力降低它的負面影響。他別無選擇：現在，在這間被沒耐性的收購客掌管、財源滾滾的公司裡，他是核心的關鍵人物。這意味他比以往任何時候都承擔著更大的壓力。他很快就意識到自己的職責正在轉移。不熟悉漫畫業的新老闆們認為，寫作、編輯漫畫這一類任務，最好留給次要的員工。史丹・李很有名，也必須繼續建立自己的品牌，而這又能為漫威帶進更多收益。

加劇史丹・李人生動盪的事情又添了一樁。當他的父親於一九六八年二月去世，史丹・李再一次遭受生離死別的打擊。他和父親並不親近，他也從未公開或以其他方式發表關於老父親去世的聲明，但經歷了如此多的變動，父親的死一定加劇了他的情緒動盪。為了嘗試為自己制定一條新的路線，讓他擺脫只是在不受自己掌控的公司擔當門面這種形象，史丹・李嘗試為自己重新塑造一個全新的身份：脫口秀主持人。

鑑於《火線》（*Firing Line*）之類的電視辯論節目的受歡迎程度，以及史丹・李在大學校園中的人氣，他竭力說服了一位他認識的製作人接受他的點子：讓人屆中年、蓄著山羊鬍、穿著西裝的史丹・李主持一個節目，並且由一群立場激進的年輕人擔任來賓，讓觀眾領略一下最近的孩子們過著怎樣的生活。

這個脫口秀的試播節目（pilot）結果並不理想。現場來賓有知名地下報紙的主筆傑夫・希羅（Jeff Shero）、哥倫比亞大學學生報編輯查克・斯科羅（Chuck Skoro），以及曼哈

97 愛爾蘭作家薩繆爾・貝克特（Samuel Beckett）的經典荒誕派劇作，劇中兩位像流浪漢的主角在等待名叫果陀的人到來，但永遠沒有等到。有人將果陀解讀為上帝或死亡，也有人認為果陀象徵希望或憧憬。

頓菁英儲備學校道爾頓（Dalton School）的報紙主筆斯基普・韋斯（Skip Weiss）。

「我是史丹・李。」主持人向可能不熟悉其創作的觀眾自我介紹。「我為年輕一代寫故事已經三十年，而且……我每天大約收到兩、三百封支持者的來信，可能和披頭四一樣多。我大部分時間都在閱讀信件，也花很多時間回信。我想，我從年輕人的想法中學到了很多東西。更重要的是，我認為我學習到許多關於年輕人的知識，更了解年輕人的樣貌。今天，我們進入一個代溝勢必會存在的時代。在我們看來，也許我們可以做點什麼來填補這個鴻溝，而且，可以做些什麼來幫助呈現這群年輕人的觀點……」

他幾乎沒有時間將他的觀點表達完畢，混亂就開始了。史丹・李試圖與這些年輕來賓保持互動，並告訴他們，他身為編輯，試圖盡可能擴大讀者群，並將任何他想傳達的政治主題，化為「潛意識的訊息」放進漫畫裡。傑夫・希羅回答：「我認為這是種過時的觀點，因為它的前提是假設人民擁有權力。但是在現實中，能夠影響國家前進方向的，只有那些為社會奉獻心力的人，還有那些位於社會頂端、掌控權力的人。而那些奉獻心力、致力於改變社會的人，只有年輕人而已。」

從這裡開始，史丹．李的情勢越來越不利。他認為法律和秩序是保持社會完整的重要工具；傑夫．希羅回答說，這些不過是設計來懲罰非裔美國人的種族主義手段。史丹．李說，他相信「當權派」和年輕的激進份子都有意結束越戰；傑夫．希羅咆哮說，當權派想讓戰爭繼續下去，讓他們從中取樂和牟利。史丹．李說他認為自己是自由主義者；傑夫．希羅回答說，自由主義者和保守主義者之間沒有太大的區別，激進主義的方式才有辦法解決美國的許多系統性問題。

這將近十年來，史丹．李頭一遭看起來沒那麼像個時髦的吹笛手，反而更像個邁入老年的普通人，與文化迅速脫節。這個試播集是這個節目的最後一集。

然而，對於漫威來說，史丹．李仍然是金雞母，與其讓他跟大學生們進行親密聚會，漫威決定預訂卡內基音樂廳舉辦「與史丹．李共度的奇妙夜晚」活動，宣傳文案是「探索洪水般磅礡文化的博學之夜，與你友善的鄰人『牛棚幫』進行文化交流。」

漫威漫畫創作的牛棚幫成員——羅密塔、巴斯馬等人出席了晚會。記者湯姆．沃爾夫（Tom Wolfe）也穿著他的招牌白西裝、戴著一頂超大的山姆大叔帽子出席了。世界上最高的男人，身高二七〇公分的猶太裔巨人埃迪・卡梅爾（Eddie Carmel），自若地朗讀了一首關於浩克的詩；幾名音樂家演奏著曲調；一位澳洲來的魔術師在表演魔術。場面是如此混亂鬆散，有些觀眾甚至把節目單折成紙飛機，扔擲到舞台上。第二天早上，評論者大肆抨擊這場晚會。有個評論家譏嘲挖苦道，這場活動的樂趣就有如「僱主參加自己辦的聖誕晚會」。[10]

但是，評論家們錯過了那晚的重點。當晚，史丹・李與他的妻女一起登上舞台，朗誦了他特別為這個場合創作的詩。這首詩講述了所有令他痴迷的事物，是超級英雄與他們所遭遇困境的昇華故事結晶。這是他頭一次——可惜的是，也是最後一次——如此坦率地表達是什麼占據著他這個藝術家的腦海。它與他平常轉移話題的幽默截然不同。

這是一首關於人類與造物者之間關係的詩，詩名為〈上帝甦醒了〉：

上帝甦醒了

祂伸了個懶腰，打著哈欠，環顧四周。

一個莫名的念頭困擾著他
這游移不定的想法揮之不去。
祂站起來，望著無盡的天空
祂看透現在，追尋過去的痕跡。
祂尋找尚未成形的造物
然後他找到了地球，他只有一半記憶的地球
陷入痛苦和悲劇之中
祂立即明白了
祂看到祂為符合自己的神聖藍圖而打造的世界
然後祂看到了人類漫不經心的手帶來的改變。

上帝觀察著祂創造的生命

正在播種、成長、總是在行動
永遠在學習，也永遠不清楚
不太正義，不太公平
並最終被判處化為塵土

——在遭遇最恐怖的聲音之前。這首詩繼續述說道：「然後，

祂感到絕望
空洞的祈禱聲可怕地迴響
十億個身軀不斷匍匐
十億個聲音永不停歇。

上帝為祂所有的創造物總以他們的瑣事淹沒祂而發怒，祂陷入對人類的長長沉思

中，想起人類早期在伊甸園的日子，並深思著，他們的行為模式、傲慢、暴力和卑鄙，到頭來是一場空。當這首詩在舞台上朗讀超過十二分鐘，即將來到尾聲時，這全能的神驀地一陣驚慌。祂想知道，人的天性會透露創物者的訊息嗎？神要為人類的罪負責嗎？

這首詩總結說：「主，我們的上帝，再也無法承受！」

祂看著他渺小的人類最後一眼
這麼慢崛起，這麼快殞落
他看了最後一眼，他必須要知道
是誰造成這種痛苦，這種致命的災難？
是人導致創造者的失敗？還是創造者造成人類的挫敗？
誰是計畫者？是誰的計畫？
他看了最後一眼，轉身離開
祂知道答案，這就是上帝為何哭泣的原因。[11]

這首詩模棱兩可的結尾，完全合乎史丹・李在漫威難以置信的十年最後的結局。他創作的人物引起了共鳴，因為他們與之前所有的角色不同；他們的目的不是提供答案，而是挑起問題。他們是徹底的猶太英雄，總是在吵架，很少確定答案，從不屈服。最重要的是，他們受到生命中最大的奧祕所吸引，那就是：他們需要承擔的責任，訂定聖約，與其他最終仍難以理解的人類手足，以及最終無法企及的上帝，生活在一起。

他們在這個奇特、陌生環境中的權利和責任，引起他們的興趣。即使他們未能充分發揮自己的潛力(他們所有人都一直在努力嘗試)，他們仍無法想像不放手去嘗試會如何。他們的道路很少一帆風順——恩典是給超人和外邦人的，而不是蜘蛛人和猶太人——但他們的路是永恆的，而且他們在追尋的過程中，會變得更加明智、更加寬容，也離神更近一點。

史丹・李在卡內基音樂廳下台時已經五十歲。他的最新職位為漫威的發行人——古德曼終於決定退休了——這意味著，史丹・李不再寫漫畫劇本了，而是花很多時間進行採訪、出席會議，以及餵養漫威龐大的公關機器。他不時擴充一下他的虛構宇宙，增加一些次要的角色，而且大部分是衍生性角色，例如浩克的表妹「女浩克」（She-Hulk），或是「巫毒兄弟」（Brother Voodoo）——這個角色是海地人，把奇異博士當作對手。甚至，連科比在一九七五年短暫回到漫威，也無法將史丹．李從這道車轍中解救出來。

史丹．李渴望尋找新的創意出口。他看向美國的西部大陸。

一九八一年，史丹．李全家移居到加州。在那裡，他監製了一系列二流的電影和電視企畫。這些企畫試圖捕捉漫威的魔法、呈現到螢幕上，但效果都不如預期。在大多數情況下，史丹．李都無法用創意的方式，掌控所有這一類嘗試的發展，而且他很快就發現，不論他在漫畫界贏得的聲譽有多響亮，都無法延續到好萊塢。

在史丹．李與一位電視網主管開會討論另一個動畫系列的想法時，副總裁問史丹．李對目前正在播出的動畫有何想法。他一如既往的開朗和坦率，稱讚他們的繪圖精美、製作精良。但他補充說，它們的故事大部分都很無聊，而且他不喜歡卡通人物說話像尖銳惱人的諷刺漫畫，而不像是真正的人。

這位高階主管說：「我們的動畫不能只有一堆在說話的頭。」史丹．李點點頭，說他不是那個意思：「我不是要提倡『在說話的頭』，或是讓角色進行更多對話。我只是建議，無論你們要呈現什麼樣的對話，都應該寫得更好一點。」這名高階主管直視著史丹・李，面無表情，只是重複說著：「我們不要在說話的頭。」[12]

史丹・李一次又一次遇到這一類衝突。

如果說李不懂好萊塢，那麼他對美國公司的運作機制就更不了解了。一九八六年，漫威被賣給新世界娛樂公司（New World Entertainment）。三年後，新世界又將漫威賣給億萬富翁羅納德・佩雷爾曼（Ronald Perelman）。一九九〇年代中期，投資客卡爾・伊坎（Carl Icahn）策畫了對漫威公司的惡意收購，引發一連串不幸的事件，最後以伊坎遭到革職、漫威宣告破產告終。新任業主「玩具業」（Toy Biz）成立了一個名為「漫威企業」（Marvel Enterprises）的新公司實體，後來於二〇〇九年將公司出售給迪士尼。在所有這些艱難的交易中，史丹・李待遇優渥，薪水豐厚，除了負責接見與迎接賓客之外，幾乎不需要做什麼工作。一九九六年十月，史丹・李七十四歲那年，他辭去了漫威的發行人職務，繼續擔任名譽董事長，年薪一百萬美元。

史丹・李從來都不是可以無所事事的人。他下決心探索網路的世界，於一九九八年創立了一家以網路為基礎的新娛樂公司，但是在合夥人非法操控公司股票、逃往巴西後，這間公司破產了。最後，這名合夥人被引渡回美國，接受法律的制裁。史丹・李嘗試了其他努力，但都沒有成功。在此同時，他的經典作品卻做到了：《X戰警》在二〇〇〇年首次成功改編為電影，《蜘蛛人》則在二〇〇二年得到應有的電影舞台，得益於特效技術的發展。這些技術終於追上史丹・李和科比的想像力，以及視覺表達的高超技藝。

儘管史丹・李與漫威簽訂的合約保證他未來能獲取任何電影利潤的百分之十，但他沒有見到一毛錢。這尤其令人惱火，因為漫威電影的票房收入的利潤高達好幾億美元。二〇〇二年，他向漫威公司提出告訴，並且在《六十分鐘II》節目上告訴鮑勃・西蒙（Bob Simon）自己很懊悔不得不訴諸法律手段，控告這間他長久以來以它為家的公司。二〇〇五年，漫威與史丹・李達成和解。據報導，漫威給了史丹・李一千萬美元。這雖然與公司欠他的金額相去甚遠，但已足以滿足他追求的公平原則。

此後的歲月，為他帶來更多的訴訟，以及更多失敗的嘗試。這些事太多太瑣碎，族繁不及備載。但它也帶來一系列以史丹·李的創作為本的漫威電影突襲，使他的超級英雄成了美國文化中最主流的力量，並將他的宇宙塑造成影評人理查德·布羅迪（Richard Brody）在《紐約客》（*New Yorker*）雜誌中所稱的「世俗宗教」。[13]

史丹·在漫威每一部電影中都客串演出，使他比以往任何時候都更加出名。這一次他不再是漫畫出版公司的宣傳人了，而是某種先知。這位頂著一頭白髮、來賜予我們祝福並傳布真相的使者，以他對於「善惡之戰」的洞察，在電影裡指引著我們度過黑暗的時光。那些關於這一切是如何發生、為何發生的故事，在許多方面，也是進入二十一世紀以來關於美國的故事。

CHAPTER 12
人類不需要救世主

就像所有偉大的藝術一樣，偉大的美國藝術在危機時期更蓬勃發展。經常被人拿來與史丹．李相提並論的奧森．威爾斯，在電影《黑獄亡魂》（*The Third Man*）的片場即席談到了這一點，關於任何有價值的事物可能興盛繁榮的條件。他打趣地說：「義大利在博基亞家族[98]（Borgias）統治那三十年間，戰爭、恐怖、謀殺和流血事件不斷，但是他們孕育出米開朗基羅、達文西和文藝復興時期。而瑞士人相親相愛，享有五百年的民主與和平，看看他們做出了什麼？瑞士咕咕鐘。」[1]

活了將近一個世紀，史丹．李看到了藝術形式的潮起潮落。他出生於爵士時代。在他出生前幾個月，長老會的牧師兼普林斯頓大學教授亨利．范．戴克（Henry van Dyke）在一封信中指出，爵士這種新聲音「根本不是音樂，只不過刺激著聽覺神經，以感官撥弄、挑逗著肉體激情的琴弦。」[2]史丹．李見證了爵士樂的切分音在經濟大蕭條、第二次世界大戰及戰後餘波期間，捕捉了他人生前段的不安與紛擾，然後看到這種音樂僵化、失去大眾的支持。他聽到搖滾樂的彈奏聲越來越大、越來越令人著迷，更加亢奮、帶有危險氣息。借用它的一句流行歌詞來說，搖滾樂「突破一切到另一個世界去」。而史丹．活得夠久，讓他跟傷心欲絕的搖滾樂迷一起發現，沒有另一個世界可以讓你突破一切之後過去，只有藥物成癮導致早逝等著搖滾樂那些最閃亮的明星。跟爵士樂一樣，搖滾樂成了博物館的文物，成了人們去到迪斯可舞廳跳舞，或是游移到流行、嘻哈音樂時，哀悼懷想的音樂類型。

就連好萊塢也不例外。年幼的史丹．李渴望逃離童年時代的嚴峻現實時，是電影支持著他，後來它卻落入不動腦的套路：除了一九七〇年代初期短暫的爆發（想想《大白鯊》、《教父》、《計程車司機》），好萊塢耽溺於輕鬆的娛樂、炒作短線，再也沒有找回三〇和四〇年代「黃金時代」的光芒。

史丹．李所見之處，都是同樣的故事：某種藝術形式，在社會、政治動盪和經濟蕭條的時期蒸蒸日上，但是當繁榮來臨，它們反而變鈍變蠢，或兩者兼而有之。

漫畫也是如此。到了一九九〇年代，從大學時期就喜歡史丹．李漫畫的讀者，這時已成為可以支配收入的中年男子，他們對漫畫的熱情已經變麻木，只剩下懷舊和貪婪交

98 歐洲中世紀貴族，因聯姻與政治結盟而顯赫，是文藝復興時期積極贊助文化活動的家族，影響力龐大。

構而成的精打細算。提姆・波頓（Tim Burton）於一九八九年上映的《蝙蝠俠》電影重新燃起成年讀者對這種藝術形式的興趣。這些長大的漫迷又開始收集漫畫，討論他們在塵土飛揚的閣樓找到的《超人》或《驚奇四超人》早年珍本，並因此入袋數百萬美元。

大型拍賣公司很快就加入這場遊戲，出版商也一樣。漫威、DC和其他大公司也加入炒熱市場的行列，開始發行特別的珍藏版，每一期漫畫通常有兩到三種封面，鼓勵讀者通通買下來。他們還以前所未有的速度推出新系列漫畫，認為任何作品的初版在未來可能更具收藏價值。當然，這些漫畫很少變成什麼值錢的作品，收藏的熱情泡沫很快就破滅了，出版商和讀者都精疲力竭。

在這種氣氛下，你可能以為史丹・李的作品會悄然消失，與爵士小號手李・摩根（Lee Morgan）的音樂、恩斯特・劉別謙[99]（Ernst Lubitsch）的電影一起被時代替換掉。事實正好相反，這些作品在它們作者的人生第九個十年時又嶄露頭角，斬獲近七十億美元的票房收入，以史丹・李用他最美好的歲月所探索的永恆、超越時代的點子，吸引了新一代的粉絲。要理解個中原因，只要看看推動漫威新浪潮的鋼鐵人，就能知道答案。

這個穿著盔甲的復仇者於二〇〇八年五月首次在電影亮相時，幾乎沒多少人期望他能夠在穿著披風、戴著面具、戲劇性十足角色已經飽和的世界中脫穎而出。考量到之前的失敗嘗試，就更是如此了。蜘蛛人才推出的第三部系列電影續作是場災難，X戰警也差不多，電影擺脫漫畫裡全力探討的黑暗主題，轉而著重在較淺薄、無腦的動作場面上，更是讓粉絲失望。反之，浩克也經歷了他可怕的好萊塢時光，被藝術電影導演李安馴服，成為帶有戀母情調的沉思靈魂。然而，任何敏銳的漫畫讀者可能早就預料到改編電影的災難了。畢竟，每個月用一種製作成本低、消耗較少的媒介匆忙完成新故事情節是一回事，要持續推動成本高達千百萬美元的系列電影、為其增添新的故事線，以吸引死忠粉絲和新觀眾同時再為故事埋單，又是另外一回事。

這些早期的漫威電影遵循著相同模式：第一部電影劇情連貫而動人心弦，著重角色的起源故事，然後他們發行第二部電影，主題變得稍微灰暗一些，並以這些英雄最著名的敵人為賣點，然後第三部電影就精疲力竭了。第三部曲在大多數情況下，只是漫不經

99 德國電影導演，活躍於二十世紀前半。他的作品，尤其是喜劇電影，對德國電影影響深遠。

心的花俏動作橋段纏繞在一起而已。蜘蛛人就是因為這種困境，才使得系列電影在首次出現於大螢幕的十年後才重啟（reboot），之後隔了五年又再來一次，每一次都受益於史丹．李的原始故事、概念的深度和持久度。但是，每隔幾年就來一次相同的古老創造神話，只加上一點改編的變化，這種商業模式幾乎無法持續下去，這就是為什麼漫威意識到他們需要一套不同的方法。值得慶幸的是，漫威懂得在史丹．李的做法中尋求靈感。

漫威不滿足於只將角色授權給其他工作室製作電影，因此成立了自己的漫威電影公司，並且向美林證券公司籌借了五．二五億美元資金。這主要是得力於史丹．李作品長青不衰的人氣。漫威的新電影企業由三十三歲的漫畫迷凱文．費奇（Kevin Feige）領導，他讀了夠多的史丹．李和科比的作品，足以意識到成功的道路在於模仿他們所做的一切。

首先，他決心拾用史丹．李對漫威的展望，將漫威視為由人物凝聚的宇宙。費奇並未發行一連串獨立的電影，而是宣布了一個野心勃勃的計畫，要將這些創作打造成他所謂的「漫威電影宇宙」（Marvel Cinematic Universe）。這一系列相互交織的電影將會像史丹．李和科比的漫畫一樣運作。有些電影會引入新角色，另一些電影則會延續正在進行的故事線。這些電影的特色是會以角色客串、間接提及或其他方式來提醒觀眾：漫威所有的神話都在同一個世界上演。

比方說，就像史丹．李和科比為了安排黑豹加入復仇者聯盟、之後擁有他自己的漫畫系列，而讓黑豹在《驚奇四超人》中出場一樣，漫威電影宇宙（俗稱MCU）先是在二〇一〇年的《鋼鐵人2》中暗示這個角色的出現，又讓他在二〇一六年的《美國隊長：內戰》（*Captain America: Civil War*）中扮演次要角色，最後於二〇一八年二月推出黑豹的個人電影，同年年底又讓黑豹現身在最新的《復仇者聯盟》電影裡。

為了確保漫威電影宇宙不為電影公司監製的反覆無常所害——畢竟這族類人好幾年前曾讓史丹．李如此沮喪——費奇召集了一個漫迷委員會，囊括幾位漫威的資深漫畫作家在內，以幫助事情走在正確的軌道上。他還依據史丹．李的「漫威式創作法」提出自己的版本：給予他挑選來指導電影的藝術家罕見的自由度，以及創作方面的控制權。

執導漫威電影宇宙最成功作品的導演安東尼．魯索（Anthony Russo）解釋道：「我想到的最簡單說法是，漫威並沒有來到我們電影人面前說：『下一部電影要這樣拍。』而是說：『下一部電影是什麼？』整個過程大概就是這樣。」[3]有了這些原則，漫威很快就在螢光幕大放異彩，正如它曾在紙頁上達致的輝煌成就。就像在科比和史丹．李的領導下一樣，漫威再一次被視為一個沙箱，讓這個在社會和政治上經歷巨大變遷的國家有轉身的去處、解決美國最深層的道德困境。

選擇由鋼鐵人負責帶領、推動漫威電影宇宙的運轉並非意外。鋼鐵人是史丹．李於一九六三年創造的角色，一直被認為是一種敢於冒險的象徵。史丹．李在電影ＤＶＤ發行中接受採訪時回憶道：「那是冷戰的高峰。讀者，年輕的讀者，如果有什麼事令他們感到厭惡，那就是戰爭、就是軍隊……所以我想出一個英雄，可以百分百代表當時的人厭惡的一切。他是武器製造商，為軍隊提供武器，他很富有，是個工業家。我認為，採用一種沒人喜歡的角色，連我們的讀者都不喜歡的那種，然後強迫觀眾接受他、喜愛他，會很有趣。」

這個方法奏效了，也教了史丹．李兩堂很重要的課。首先是，藝術家別無選擇——其實應該說義務——只能拒絕時代虔誠信仰的人事物，即便後者穿著年輕人的時髦服裝，並聲稱自己在道德上無可挑剔、開明寬容、公正無私，藝術家也必須抗拒。當然，大學生是反戰的，但是，跟隨他們的領導，並假裝對於戰爭這種關係到根本人性之事大翻白眼、重複一些正義口號是唯一可以認可的途徑，意味著放棄去問某些問題的機會，而這類問題恰恰是一個捲入水深火熱暴力衝突的國家應該問的。史丹．李既是個公關大師，知道託大眾的憤怒文化之福能夠獲得多少價值，但他也是個藝術家，充分了解到，超越時代限制的故事所紮根的土壤，比起政治表態的流沙，還要更牢固。

史丹．李從《鋼鐵人》漫畫的成功學到的第二堂課是，講故事的最好方法是再講一次。這個富裕工業家發現了自己的發明極限，這惡棍的心是真的如字面上所說的碎了。核能反應爐修復了他的心臟，也供給鋼鐵人全能裝備所需的能源。鋼鐵人必須學會結交朋友，並維持友誼。鋼鐵人和他的另一個身份東尼．史塔克（Tony Stark）正是布魯斯．班納和浩克的翻版，是另一對第一個亞當和第二個亞當，他們都在孤獨與信仰中掙扎。

當鋼鐵人剛出現在螢幕上，鏡頭裡的鋼鐵人告訴分裂的美國，美國完全錯看了世界。那些為美國武裝干預他國而喝采的人，都歡迎來親眼見證鋼鐵人東尼．史塔克破碎的生命。儘管東尼・史塔克擁護這些人的價值觀，他卻無法更接近美德。在這系列漫畫的後期，他成為第一個屈服於酗酒習慣的漫威角色。他的例子告誡我們，如果沒有節制地依賴驕傲的自我，最後只會以災難收場。而在意識形態鴻溝的另一端，那些宣揚和平與愛的人，仍得苦苦抗拒鋼鐵人的榮光。他支持受壓迫者，並且在一次又一次的冒險中證明了大部分人不願面對的事實，那就是維持和平經常需要倚靠強大的武器。

這兩個陣營都必須思考這部漫畫的更大主題：建立盟約社會的呼求。為了生存，鋼鐵人別無選擇，只能向一小群知己透露他的祕密身份是鋼鐵人，而就是這個親密的朋友圈，比起他可以任意使用的先進軍事機械，給予他更多堅持不懈的力量。

跟想法不同的人共處，不只是華麗漂亮的呼籲而已。這個嚴厲的提醒，來自猶太神學的核心，指示著人們：救贖只有當人類團結在一起，並追求共同的目標時，才會出現，即使在人們無法充分理解生存的意義時，也是如此——又或者應該說，更是如此。這正是多年後李歐納・科恩（Leonard Cohen）在他的歌曲《國歌》（*Anthem*）中所傳達的情操。他建議我們「趁鐘還能響時，敲響鐘聲吧／忘記你的完美奉獻／萬事萬物皆有裂隙

／唯有如此，光才能照進來。」[4]

猶太人指引我們注重彼此之間的關係，以及我們與上帝間的關係，這是社會面對漫漫艱辛長路時的唯一解方，而不是等待某個救世主——不論他是征服的將軍，還是療癒的愛之使者——俯衝而下拯救我們。《鋼鐵人》在漫畫裡傳達這個訊息，而這訊息正是一九六三年的美國該聽取的，因為這一年是美國社會在接下來幾十年間面臨重大分裂的開端。

我們在二〇〇八年也應該再次聽取這個訊息。通訊科技，包括分享我們國家的故事、打造我們集體認同的那些平台，正在迅速變化。比起透過國內媒體管道（電視台、報紙、漫畫書）構成的網絡將我們彼此聯繫在一起，如今我們已經連結到全球資訊網裡。這意味著，我可以找到跟自己志趣相投的人，儘管他們有些人不一定是我的鄰居，跟我也沒有共同的特定生活經驗。我們有自由，甚至是被鼓勵，將自己視為沒那麼像美國人，而更以全球公民的身份看待自己，自由地創造文化上的飛地[100]，不論與我們志趣相投的人恰巧生活在哪裡，我們都能與他們分享這塊園地。這種轉變並非史無前例的，比如印

100 若有塊土地在某個地理區的劃界內，卻隸屬於其他行政區或國家，則稱為飛地。

刷機讓書籍變普及，也曾帶來類似的變革，使每個國家的人民可以與各個角落的人進行思想交流，從而催生了民族主義。但通訊科技的發展，沒多久就使連接美國人之間的紐帶鬆弛了。

當今的美國人，不像他們的先人那樣會為國魂而戰，而是分裂成如同英國記者大衛・古德哈特（David Goodhart）所定義的「任一處」（Anywhere）和「某一處」（Somewhere）兩個迥異陣營。前者是受過教育的都會人，他們可以在全球任何角落從事法律、醫學、平面設計等職業，因此與在愛荷華州或田納西州的表親相比，他們更接近柏林或倫敦的同齡人。後者是藍領工人，他們沮喪地看著經濟變得如此全球化，因為這意味著他們所珍視的生活——紮根於家鄉、大家庭模式與悠久的傳統——在新的世界秩序下，被視為過時且不切實際。

這樣的分歧不完全等於現代主義者和原教旨主義者之間的古老衝突，因為這兩個群體不是在為一個國家的未來而戰、將這個國家視為他們身份的基石，反而是分開的部落，彼此都將對方視為異類。「某一處」陣營依然固守著國家的觀念，「任一處」陣營則開始覺得他們還可以加入其他更大、更值得加入的團體，其中最大的團體是全體人類。

這兩個組織由於沒有共識，對未來也沒有共同的願景。它們迅速喪失了對國家體制的信心，因為根據定義，這些體制需要一定的共識才能發揮作用。人們對於政府、學術界和媒體的信任度急劇下降，言論變得更加激烈，加上社群媒體網路推波助瀾，促使我們創建了自己的小型回音室(同溫層)，那裡放大的只有我們已經認同的聲音，而沒有其他聲音。這自然而然讓尋求折衷妥協的政治變得更難實踐，反過來又使我們渴望出現一個鼓舞人心的領導人，希望他可以帶來變革、拯救我們所有人。二〇〇八年，當一個成功的競選廣告傳達了喚起希望與改變的感受，大家呼求的那個領導人便成了歐巴馬(Barack Obama)。

這位美國第四十四任總統喜歡反覆將自己是救世主一事當作談話主題。他在紐約的一次募款晚宴上，對笑容滿面的聚集人群說：「跟你們聽到的謠言相反，我不是在馬槽裡出生的。事實上，我出生於氪星，我的父親喬．艾爾把我送來這裡，目的是拯救地球。」[5] DC漫畫很認真看待這個笑話，一年後出版了《超人》重啟版，裡頭的超人不是謙順溫和的克拉克・肯特，而是名叫卡爾文・埃利斯（Calvin Ellis）的非裔美國政客。他最後當上了總統。

然而，超人的歷史理論正是史丹・李在他的職業生涯中提醒我們不要採用的。他的每個創作的存在都在提醒我們，不論多麼聰明，多麼好心，多麼勇敢，都沒有人能夠將整個世界的重擔扛在自己肩膀上。同一場晚宴上，歐巴馬開玩笑說：「如果我必須說出自己最大的優點，我想那就是我的謙卑，而我最大的弱點是我可能太棒了。」

但真正的英雄之所以能脫穎而出，不是因為他們沒有缺點，而是因為他們準備好面對自己的缺陷。[6]

鋼鐵人在歐巴馬上任前六個月，第一次在螢幕上飛行時，已經成為大多數主流文化的另類選擇。談論這部電影的票房收入超過三・一八億美元，也許是個有趣的話題，但是在二〇〇八年的時代精神下，人們無法辨識出這部電影的精神意涵。同期的賣座電影《蝙蝠俠：黑暗騎士》、《暮光之城》的吸血鬼和狼人，以及威爾・史密斯不朽的超級英雄《全民超人》（*Hancock*），都是本質論（essentialism）的探究，劇情圍繞著因為基本身份而被愛、被憎惡、被恐懼的英雄，而他們無法掌控或改變自己的身份。

這些英雄讓票房開紅盤、大賺一筆的原因是，他們暗示著：要取得進步，無法透過尋求共同立場來實現（在製造分裂的媒體技術所塑造的現實中，尋找共同立場是不可能的事），而要透過不斷爭奪權力來達成。這種鬥爭，由不變、也無法改變的個人和團體發動。不同陣營的成員在模糊的意識形態下各自結盟，這就是為什麼《黑暗騎士》幾乎完全圍繞著超級英雄和超級惡魔展開劇情，正義和邪惡角色演出公開的大型壯麗場面，超級壞蛋希望撲滅公民對未來的希望，超級英雄則為了守護公民而戰。

鋼鐵人是完全不一樣的材料。他與二〇〇八年的同時代超級英雄不同，對諸如善與惡、權力鬥爭之類的二分法不感興趣。對他而言，這些都無法讓我們解決每個人所面臨的真正挑戰；這種挑戰，可以讓我們學習為彼此採取行動、挺身而出。在這項試煉中，該隱失敗了，亞伯拉罕高分過關。

史丹・李的每個角色都在奮力思索這個試煉。若你像蝙蝠俠一樣思考，遵循電影的邏輯，那麼你只是這場戰役中一個悲傷的黨羽，緊抱著正義之類的偉大抽象理念，卻得犧牲真人的性命。這就是為什麼有這麼多無辜的人，不得不在《黑暗騎士》電影中死去，才能讓沉重的情節合情合理。而如果你像鋼鐵人一樣思考，你就會盡情投入人生中混亂、不完美與絕對神聖的志業。

隨著鋼鐵人第一部電影來到尾聲，在演職員名單字幕跑到一半時出現的彩蛋中，鋼鐵人會見了負責保護世界免受威脅的特別祕密機構負責人尼克·福瑞（Nick Fury）。福瑞告訴這位困惑的企業家：「你已經成為更大宇宙的一份子。」[7]隨著每部電影上映，人們對這個世界認識的程度也越來越深入，一部部新推出的電影向觀眾介紹了雷神索爾、美國隊長、復仇者聯盟、蟻人、奇異博士、星際異攻隊和黑豹。儘管這些英雄在語氣、風格、在意的事物等各方面千差萬別，但他們對於大眾、義務、責任感和同情心，都擁有著相同的基本信念。

無論是螢幕上或螢幕外，很少有其他媒體能做到漫威電影宇宙這一點。當漫威電影世界蓬勃發展時，美國文化變得更下流、野蠻和急性子。真人實境節目一逕嬉笑怒罵，推特（Twitter）也一樣；有線電視因為爭議性新聞而得到漂亮收視率，毫不在乎這個爭議是否真實。不分場域，越來越多美國人將自己想像成戰鬥員，將生活各個層面視為戰場。

漫威電影宇宙承認了這種緊張氣氛。在漫威幾部最成功的作品裡，英雄們捲入了這種每天都會在美國上演的醜陋衝突——從國會到福斯新聞（Fox News）上都有——但這些作品也向觀眾展示了出路。漫威電影宇宙似乎在暗示，如果連美國隊長和鋼鐵人這兩個驕傲、強大的莽漢，都能領悟到他們都在為更遠大的目標服務，並將彼此巨大的分歧放在一邊，那麼美國各派黨員也做得到。如果說各黨派人士想上一堂建設社會方面的課，他們所要做的是注意聆聽漫威電影宇宙的聲音。這聲音，由幾十年前的史丹・李精心打造，有趣、好玩又溫暖，就像一個早熟的孩子著迷於探究生命的永恆重大問題。

一些呆板的批評家誤將這種充滿童心的好奇當作幼稚的表現。這種判斷上的愚昧錯誤，從一開始就干擾著漫畫的發展。史丹・李更懂得漫畫的學問。他意識到，美國是個年輕、充滿活力的國家，而美國的藝術只有當它反映這個國家不受拘束的野心和莽率的行為，才能臻至巔峰。那些自以為的權威人士、左翼和右翼政治家每天責罵訓斥，或是教授和專家的說教訓誡，還有自詡為文化人的迂腐人士大肆批評什麼作品有冒犯性、不恰當或令人無法容忍等等——這些全都不是美國人要的。

美國人希望他們的故事、音樂和想像力，可以自由自在、不受束縛、隨心所向，可以發揮他們所有的奇思幻想。他們需要這些故事以強調「我們」的意識收尾，致意人類史上唯一為了一個瘋狂的夢想而團結起來的國家，為了捍衛其人民擁有權利過幸福快樂的生活。正是這種精神，賦予了史丹．李小時候喜愛的美國經典作品生命力，那種埃羅爾．弗林[101]和馬克．吐溫作品中的精神。如今，美國比以往任何時候都更加分裂，正在尋求相同的精神。這一次，是由具體展現這種精神的史丹．李與他的創作，幫助美國度過又一次社會動盪的時刻。

思量自己在漫威的新時代中該扮演什麼角色，史丹．李得出他最後的洞見。如今已是老人的他，意識到自己創造的宇宙已經夠成熟了，可以獨立存在，不再需要依賴「老兄史丹」來塑造或行銷，也毋須再為了捍衛漫畫去對抗那些認為漫畫很庸俗的勢利眼。漫威宇宙賺得的財富，足以睥睨他們所有人。

現在的漫威，不再是反主流文化，而是代表文化本身了。

史丹·李理解了這一切，開始沿著漫漫長路走向暮年的落日黃昏。在大部分漫威電影中，我們都能發現史丹·李的身影，但都只是短暫的片刻，通常是些次要又不明所以的角色。比如他曾經演出一個老人，試圖拖走索爾那把沒有人動得了的錘子，或是紅地毯事件中的男子，被鋼鐵人誤認為休·海夫納[102]（Hugh Hefner）。漫威將史丹·李的現身，設計成漫迷才懂的笑話。他每一次出現，都像在對內行的粉絲眨眼，彷彿古早「歡樂漫威前進會」會刊中的一頁，向漫迷保證：即使他們正在觀賞由數百名工作人員製作、預算高昂、花費幾千萬美元製作的商業電影，他們親切的鄰家老友「漫畫作家史丹·李」，仍然在四處問候大家，邀請他們來坐坐、打聲招呼、問幾個問題。

他在螢幕上的這些演出，為電影注入了自在的歡樂感。這種感覺曾經令漫威漫畫那麼受歡迎。這些客串，也幫助曾是漫威公關大師的史丹·李得以保有自己這些創作遺產的控制權，即使他的暮年越來越昏暗。瓊恩於二〇一七年中風，享年九十五歲，距離這

102 參見三十五頁譯註24。

101 《花花公子》（*Playboy*）雜誌的創辦人暨總編輯。

對夫婦結婚七十週年結婚紀念日只差幾個月。她的死讓史丹・李驚慌失措。但他沒有想太多，而是用只有他自己才理解的方式去反應，讓自己投入更加專業的職責中。儘管史丹・李已經高齡九十四歲、身體虛弱，醫生還命令他每次搭飛機的時間不能超過兩小時，但他還是在一連串的漫迷見面會上露面。見面會如今成了一種利潤豐厚的行業。史丹・李在一個又一個漫迷討論小組中，表現出他長時間以來一直帶給大眾歡樂的形象：聲音有點粗嘎，說話稍慢，但很迷人，並且總是準備好要說一說漫威的美好時光或故事。

不過，如此忙碌的步伐對這種年紀的人來說很難持續下去，史丹・李的生活很快陷入混亂。開始有相關報導流傳，每一次的消息都比上一次更令人不安。比如前經理被懷疑企圖控制史丹・李，並侵吞他幾筆可觀的資金，致使他的女兒向法院提出限制令，並奪回李的財務控制權。又比如某個照顧史丹・李的護士聲稱他撫摸了她，還對她裸露下體。還有一位前商業夥伴偷走了幾個裝有史丹・李血液的小玻璃瓶，以漫威最終收藏品的名義販售給粉絲。但這些指控和磨難都不太能損害他的形象。他在螢幕上的客串演出不斷上映。他預錄了幾部電影，這意味著，即使本人身體虛弱又生著病，史丹・李這個角色也會在螢幕上加入《蜘蛛人》、《鋼鐵人》、《雷神索爾》、《浩克》與他其餘創作的演出，只要人們還有興趣了解自己的力量、理解彼此和上帝，這些保留史丹・李身影的影像就會永遠長存。

史丹・李於二〇一八年十一月十二日因鬱血性心臟衰竭去世，享年九十五歲。他一去世，網路上幾乎立刻亮起一片告別訊息，幾乎所有出現在漫威電影中的演員都分享了他們與史丹・李的美好回憶。音樂人保羅・麥卡尼（Paul McCartney）或東尼獎得主林－曼努爾・米蘭達（Lin-Manuel Miranda）等其他人則緊隨其後，表達他們對史丹・李與其作品的欽慕。

甚至連紐約市也加入致敬的行列，以史丹・李的名字命名他居住的布朗克斯舊街區。正如無所不在的穿鑿附會，有些人藉此機會再次主張史丹・李不過是個聰明的操縱者，操縱別人的才華為己所用，是託迪特科、科比這種天才的福才有辦法成名。然而，任何人看完所有對於史丹・李的讚美之詞和誹謗，依然很難歸納出他具有哪些接近真實人類的特質。即使是那些與他親近的人，最多也只能說出讓人一窺史丹・李真實人格的一些軼事，但就連那些趣聞，往往也聽起來很像史丹・李從年少時代就開始講的那種開玩笑、隱約帶著自我吹捧的故事。史丹・李死了跟活著時一樣，依舊是個被太多形容詞包圍的孤獨人物。他是神話的創造者，我們只能把他當作他虛構宇宙中的另一個角色來解讀。

那麼，我們該怎麼記住他呢？我想到了一個特別的時刻。那是他最喜歡的客串演出之一。當時，漫威電影宇宙尚未正式推出。他出現在二〇〇七年的《蜘蛛人3》電影裡，陶比・麥奎爾（Tobey Maguire）飾演的彼得・帕克正穿越時代廣場。他頭頂上方的滾動資訊閃爍著頭條新聞，吸引了他的注意。只見跑馬燈上面寫著：「蜘蛛人將獲頒紐約榮譽市民之鑰。」彼得・帕克開心地停下來看看新聞，史丹・李這時走進電影畫面裡，與彼得・帕克並肩站著，唸出這則新聞，然後把手放在彼得・帕克的肩上，對他說「你知道的，我想，一個人真的可以為世界帶來些改變。我就說到這裡！」[8]跟著便消失在人群中。

文末註解

第一章　重生：向漫威帝國邁進

1 Quoted in Sean Howe, *Marvel Comics: The Untold Story* (New York: Harper Perennial, 2012), 30.

2 Quoted in David Hajdu, *The Ten-Cent Plague: The Great Comic-Book Scare and How It Changed America* (New York: Picador, 2009), 327.

3 Quoted in Roy Thomas and Jim Amash, "To Keep Busy as a Freelancer, You Should Have Three Accounts," *Alter Ego*, December 2003.

4 Quoted in Stan Lee, Peter David, and Colleen Doran, *Amazing Fantastic Incredible: A Marvelous Memoir* (New York: Touchstone, 2015).

5 Stan Lee, in *Fantastic Four* documentary, production year and director unknown.

第二章　回溯：美漫時代崛起

1 Stan Lee and George Mair, *Excelsior! The Amazing Life of Stan Lee* (New York: Fireside, 2002), 10.

2 *The Edgar Bergen and Charlie McCarthy Show*, Onesmedia, 2012.

3 Caroline Bird, *The Invisible Scar* (New York: Longman, 1978), 59.

4 William Kelley Wright, "The Recovery of the Religious Sentiment," in *Contemporary American Theology: Theological Autobiographies*, ed. Vergilius Fern (New York: Round Table, 1933), 341–76.

5 Hornell Hart, "Changing Social Attitudes and Interests," in *Recent Social Trends* 1 (1933): 382–443.

6 Jordan Raphael and Tom Spurgeon, *Stan Lee and the Rise and Fall of the American Comic Book* (Chicago: Chicago

Review Press, 2004), 6–7.
7 Ibid., 5.
8 Quoted in Timothy Corrigan, *The Essay Film: From Montaigne, After Marker* (Oxford: Oxford University Press, 2011), 123.
9 Quoted in Sean Howe, *Marvel Comics: The Untold Story* (New York: Harper Perennial, 2012), 19.
10 Ibid., 10.
11 Jim Amash, "Simon Says," *Alter Ego*, March 2008.
12 Quoted in David Hajdu, *The Ten-Cent Plague: The Great Comic-Book Scare and How It Changed America* (New York: Picador, 2009), 21.
13 Quoted in Arie Kaplan, *From Krakow to Krypton: Jews and Comic Books* (Philadelphia: Jewish Publication Society, 2008), 3.
14 Ibid., 4.
15 Quoted in Hajdu, *The Ten-Cent Plague*, 21.
16 Quoted in Arie Kaplan, "Kings of Comics: How Jews Created the Comic Book Industry, Part I: The Golden Age (1933–1955)," in *Reform Judaism* 32, no. 1 (2003).
17 Quoted in Kaplan, *From Krakow to Krypton*, 8.
18 Hajdu, *The Ten-Cent Plague*, 30.

第三章　「作家史丹・李」：初試啼聲

1 *Captain America*, no. 1 (1941).
2 Russell D. Buhite and David W. Levy, *FDR's Fireside Chats* (Norman: University of Oklahoma Press, 1992), 162.
3 Quoted in Bradford W. Wright, *Comic Book Nation: The Transformation of Youth Culture in America* (Baltimore: Johns Hopkins University Press, 2003), 36.
4 *Captain America*, no. 3 (1941).
5 *Superman: Red Son*, no. 1 (2003).
6 *Captain America*, no. 2 (1941).
7 Quoted in Harry Brod, *Superman Is Jewish? How Comic Book Superheroes Came to Serve Truth, Justice, and the Jewish-American Way* (New York: Free Press, 2016).
8 Tractate Shabbat 63a.
9 Michael Walzer, *Exodus and Revolution* (New York: Basic, 1986).
10 "Stan Lee Speaks at the 1975 San Diego Comic-Con Convention," YouTube, uploaded January 6, 2010,

https://www.youtube .com/watch?v=MhJuBqDTM9Q.

11 U.S.A. *Comics*, no. 1 (1941).

12 Cited in David Hajdu, *The Ten-Cent Plague: The Great Comic-Book Scare and How It Changed America* (New York: Picador, 2009), 44–45.

13 Quoted in Sean Howe, *Marvel Comics: The Untold Story* (New York: Harper Perennial, 2012), 23.

14 Ibid.

15 Quoted in Bob Batchelor, *Stan Lee: The Man Behind Marvel* (Lanham, MD: Rowman and Littlefield, 2017), 28–29.

16 Ibid., 29.

17 Ibid.

18 Quoted in Howe, *Marvel Comics*, 23.

第四章　黑暗期：道德審查 vs. 創作自由

1 Danny Fingeroth, *A Marvelous Life: The Amazing Story of Stan Lee* (New York: St. Martin’ s, 2019), location 36.

2 Ibid., 24.

3 Stan Lee, “Comic Relief: Comic Books Aren’ t Just for Entertainment,” *Edutopia*, August 11, 2005.

4 Stan Lee and George Mair, *Excelsior! The Amazing Life of Stan Lee* (New York: Fireside, 2002), 43–44.

5 David Anthony Kraft, “The Foom Interview: Stan Lee,” *Foom*, March 1977.

6 *All Winners Comics*, no. 19 (1946).

7 “Number of TV Households in America,” http://www.buffalohistory.org/Explore/Exhibits/virtual_exhibits/wheels_of_power/educ_materials/television_handout.pdf.

8 Jim Amash, “I Did Better on Bulletman than I Did on Millie the Model,” in *Alter Ego*, December 2005.

9 Lee and Mair, *Excelsior!*

10 *Secrets Behind the Comics*, no. 1 (1947).

11 Quoted in David Hajdu, *The Ten-Cent Plague: The Great Comic-Book Scare and How It Changed America* (New York: Picador, 2009), 75.

12 Quoted ibid., 99.

13 Ibid., 101.

14 Philip Quarles, “Senate Subcommittee on Juvenile Delinquency: Wertham Versus Gaines on Decency Standards,” WNYC New York Public Radio, https://www.

wnyc.org/story/215975-senate-subcommittee-juvenile-delinquency-ii/.
15 Quoted in Hajdu, *The Ten-Cent Plague*, 290.
16 *Suspense*, no. 29 (1953).

第五章　轉折：驚奇四超人的奇蹟

1. John Romita, "Face Front, True Believers! The Comics Industry Sounds Off on Stan Lee," *Comics Journal*, October 1995, 83.
2 *The Fantastic Four*, no. 1 (1961).
3 Ibid.
4 *The Fantastic Four 3*, no. 56 (2002).
5 Quoted in Robert Pinsky, *The Life of David* (New York: Schocken, 2008), 2.
6 *Fantastic Four* no. 1.
7 Zvi Mark, "Dybbuk and Devekut in the Shivhe ha-Besht: Toward a Phenomenology of Madness in Early Hasidism," in *Spirit Possessions in Judaism: Cases and Contexts from the Middle Ages to the Present*, ed. Matt Goldish (Detroit: Wayne University Press, 2003), 269.
8 *Fantastic Four* no. 1.
9 Ibid.
10 *The Fantastic Four*, no. 7 (1962).
11 Quoted in Ian MacDonald, *Revolution in the Head: The Beatles' Records and the Sixties* (Chicago: Chicago Review Press, 2007), 191.
12 Jeffrey J. Kripal, *Mutants and Mystics: Science Fiction, Superhero Comics, and the Paranormal* (Chicago: University of Chicago Press, 2011), 286–87.

第六章　不一樣的英雄：浩克

1 Stan Lee and George Mair, *Excelsior! The Amazing Life of Stan Lee* (New York: Fireside, 2002), 120.
2 *The Incredible Hulk*, no. 1.
3 Ibid.
4 Ibid.
5 Lee and Mair, *Excelsior!* 122.
6 Genesis 1:27–28.
7 Joseph B. Soloveitchik, *The Lonely Man of Faith* (New York: Image, 2006), 17.

8 Ibid., 19.
9 Ecclesiastes 4:9.
10 Genesis 2:7–24.
11 Soloveitchik, *Lonely Man of Faith*.
12 *Incredible Hulk* no. 1.
13 Ibid.
14 Sean Howe, *Marvel Comics: The Untold Story* (New York: Harper Perennial, 2012).
15 Roslyn Davis, Roslyn Reports, *South Shore Record*, July 4, 1963, quoted in Danny Fingeroth, *A Marvelous Life: The Amazing Story of Stan Lee* (New York: St. Martin’ s, 2019), location 149. The painter Davis mentions is obviously David Manzur of Colombia.
16 Quoted in Howe, *Marvel Comics*, 4.

第七章　能力越強，責任越大：蜘蛛人

a

1 Don Thrasher, “Stan Lee’ s Secret to Success: A Marvelous Imagination,” *Dayton Daily News*, January 21, 2006.
2 Stan Lee and George Mair, *Excelsior! The Amazing Life of Stan Lee* (New York: Fireside, 2002), 126.
3 Quoted in Roy Thomas, *Alter Ego: The Comic Book Artist Collection* (Raleigh, NC: TwoMorrows, 2001).
4 *Amazing Fantasy*, no. 15 (1962).
5 Ibid.
6 Ibid.
7 Ibid.
8 Luke 12:48.
9 Winston Churchill, speech to the House of Commons, February 28, 1906.
10 Franklin Delano Roosevelt, draft of Jefferson Day address, April 1945.
11 Genesis 4:5–7.
12 Joseph B. Soloveitchik, *Chumash Mesoras Harav: Sefer Bereishis* (New York: OU Press, 2013), 36.
13 Genesis 4:13.
14 Quoted in Lee and Mair, Excelsior!, 128.
15 *The Amazing Spider-Man*, no. 1 (1963).
16 Genesis 4:9.
17 Genesis 4:10.
18 Genesis 4:12.

19 *The Amazing Spider-Man*, no. 4 (1963).
20 *The Amazing Spider-Man*, no. 3 (1963).
21 Alan Moore, quoted in Jonathan Ross, *In Search of Steve Ditko*. BBC4, 2007.
22 *The Amazing Spider-Man*, no. 6 (1963).
23 Roy Thomas, "Stan Lee' s Amazing Marvel Interview!" *Alter Ego*, August 2011, 7.
24 Quoted in Tom DeFalco, *Comics Creators on Spider-Man* (London: Titan, 2004), 29–30.
25 Stan Lee, *Origins of Marvel Comics* (New York: Marvel, 1997), 164.

第八章　超越正邪對抗：X戰警

1 *X-Men*, no. 1 (1963).
2 *X-Men*, no. 5 (1964).
3 *X-Men*, no. 4 (1964).
4 Quoted in Brian Cronin, *100 Things X-Men Fans Should Know and Do Before They Die* (Chicago: Triumph, 2018).
5 Theodore Bikel, "A Farewell to SNCC," *Tablet*, August 16, 2016.
6 *X-Men*, no. 16 (1966).
7 Danny Fingeroth, *Disguised as Clark Kent: Jews, Comics, and the Creation of the Superhero* (New York: Continuum, 2007), 118.
8 *X-Men*, no. 13 (1965).
9 *X-Men* 4.
10 Ibid.
11 Quoted in Arie Kaplan, "Kings of Comics: How Jews Created the Comic Book Industry," *Reform Judaism* 32, no. 2 (2003).
12 Ibid.
13 *X-Men*, 2, no. 1 (1991).
14 *X-Men* 4.
15 See Mark Alexander, "Lee & Kirby: The Wonder Years," *The Jack Kirby Collector* 18, no. 58 (2011): 1–31.

第九章　代表美國本土的藝術形式

1 Quoted in Bob Batchelor, *Stan Lee: The Man Behind Marvel* (Lanham, MD: Rowman and Littlefield, 2017), 111.
2 *Fantastic Four*, no. 45 (1965).

3 Jonathan Lethem, “Izations,” *The Ecstasy of Influence* (New York: Vintage, 2012), 151–59.
4 Ralph Young, Dissent: *The History of an American Idea* (New York: New York University Press, 2015), 445.
5 Stan Lee and George Mair, *Excelsior! The Amazing Life of Stan Lee* (New York: Fireside, 2002), 162.
6 Stan Lee, *Stan's Soapbox: The Collection* (Los Angeles: The Hero Initiative, 2008), 7.
7 Ibid., 18.
8 Quoted in Sean Howe, *Marvel Comics: The Untold Story* (New York: Harper Perennial, 2012), 56.
9 Stan Lee at Princeton, 1966, available on YouTube at https://www.youtube.com/watch?v=A73KehrmpOU.
10 Sally Kempton, “Spider-Man’ s Dilemma: Super-Anti-Hero in Forest Hills,” *The Village Voice*, April 1, 1965.
11 Michael McClure, *The Beard* (New York: Grove, 1967).
12 Quoted in Jeff McLaughlin, ed., *Stan Lee: Conversations* (Jackson: University Press of Mississippi, 2007), 14–19.
13 Daniel Raim, “Marvel Mon Amour: Stan Lee and Alain Resnais’ s Unmade Monster Movie,” The Criterion Collection, https://www.criterion.com/current/posts/5418-marvel-mon-amour-stan-lee-and-alain-resnais-s-unmade-monster-movie.
14 Lee and Mair, *Excelsior!*, 141–42.
15 Nat Freedland, “Super Heroes with Super Problems,” *New York Herald Tribune Sunday Magazine*, January 9, 1966.
16 Quoted in Howe, *Marvel Comics*, 65.

第十章　我的能力尚未受到充分的考驗：銀色衝浪手

1 Quoted in Mark Evanier, *Kirby: King of Comics* (New York: Abrams ComicArts, 2008), 145.
2 Numbers 13:33.
3 *Fantastic Four*, no. 49 (1966).
4 Ibid.
5 Ibid.
6 Ibid.
7 Ibid.
8 Ibid.
9 Babylonian Talmud, Bava Metzia, 59b.
10 *Fantastic Four* no. 49.
11 Ibid.

12 Ibid.
13 *Fantastic Four*, no. 50 (1966).
14 Ibid.
15 Ibid.
16 Ibid.
17 Genesis 18:23–24.
18 Susan Neiman, *Moral Clarity: A Guide for Grown-Up Idealists* (Princeton: Princeton University Press, 2009), 10.
19 S.ren Kierkegaard, *Fear and Trembling* (Cambridge: Cambridge University Press, 2006).
20 *Fantastic Four* no. 50.
21 Quoted in Sean Howe, *Marvel Comics*: The Untold Story (New York: Harper Perennial, 2012), 73.
22 *Fantastic Four*, no. 72 (1968).
23 Quoted in Evanier, *Kirby*, 151.
24 Leslie Raddatz, "Banker with a Sting," *TV Guide*, October 29, 1966.

第十一章　唯一條件：「史丹・李必須留在漫威！」

1 Stan Lee, *Stan's Soapbox: The Collection* (Los Angeles: The Hero Initiative, 2008), 13.
2 Quoted in Sean Howe, *Marvel Comics: The Untold Story* (New York: Harper Perennial, 2012), 80.
3 Ibid.
4 Stan Lee and Jack Kirby, *Not Brand Echh*, no. 1 (1967).
5 Quoted in Howe, *Marvel Comics*, 96.
6 *The Amazing Spider-Man*, no. 68 (1969).
7 Otto Friedrich, *Decline and Fall* (New York: Harper and Row, 1970), 320.
8 Stan Lee and George Mair, *Excelsior! The Amazing Life of Stan Lee* (New York: Fireside, 2002), 179–80.
9 *Mister Miracle*, no. 6.
10 "Comics Come to Carnegie," *New York Post*, January 6, 1972.
11 Stan Lee, "God Woke," available online at https://www.youtube.com/watch?v=t-z79V58YuE.
12 Lee and Mair, *Excelsior!*, 207–8.
13 Richard Brody, "The Superhero Movie as Secular Religion," New Yorker, December 29, 2018.

第十二章 人類不需要救世主

1 Carol Reed, dir., *The Third Man* (London Films, 1949).

2 Quoted in Karl Koenig, ed., *Jazz in Print: 1859–1929* (Hillsdale, NY: Pendragon, 2002), 154.

3 Haleigh Foutch, "The Russo Brothers on What It Takes to Land a Marvel Directing Gig," *Collider*, April 30, 2016, http://collider.com/russo-brothers-captain-america-civil-war-interview/.

4 Leonard Cohen, "Anthem," *The Future* (New York: Columbia Records, 1992).

5 Quoted in Mark Mooney, "McCain, Obama Trade Campaign Attacks for Late-Night Jokes," *ABC News*, October 17, 2008.

6 Ibid.

7 Jon Favreau, dir., *Iron Man* (Paramount Pictures, 2008).

8 Sam Raimi, dir., *Spider-Man 3* (Columbia Pictures, 2007).

致謝

寫書就像打擊犯罪、吊掛在蜘蛛網下或拋擲千萬斤重的錘子一樣，是孤獨的工作，只在你有幸獲得一群朋友、家人和同事支持時，才值得承擔，而很少有人像我這麼幸運。

首先，我要感謝明智的大衛．米基克斯（David Mikics）。我從剛長大到能識字開始，就很迷史丹．李了。是米克西斯建議將我對史丹．李和他的創作的痴迷，轉化成一種更正式的探討。

一旦這個想法付諸實踐，我有幸找到「耶魯猶太人生活系列」（Yale Jewish Lives series）這個大家庭。這是我一直熱愛的出版工作，帶給我無限的啟發。我感謝萊昂．布萊克（Leon Black）的支持和慷慨，以及本系列作品的整個團隊。我特別感謝希瑟．戈爾德（Heather Gold）明智、耐心地引導這本書。也感謝偉大的伊琳娜．史密斯（Ileene Smith）對我的信任；她的深刻見解，讓本書更加出色了。丹．希頓（Dan Heaton）的智慧、幽默和熱情使這本書變得更加豐富，我對此深表感謝。

和往常一樣，若沒有我親愛的朋友兼經紀人，無與倫比的安妮．埃德斯坦，我將無法獲得許多身為作家的成就。如果我沒有幸運成為《平板》雜誌的一份子，加入這個充滿情感、智慧和精神力量的家園，那麼我也無法這麼成功地思考出穿越猶太濃厚歷史和思想的方式。對於我在那裡的好友——艾拉納・紐荷斯（Alana Newhouse）、大衛・薩繆爾斯（David Samuels）、韋恩・霍夫曼（Wayne Hoffman）、馬修・費斯瓦（Matthew Fishbane）、加布里埃爾・山德斯（Gabriel Sanders）、雅各布・辛格爾（Jacob Siegel）、瑪喬麗・英格爾（Marjorie Ingall）、阿明・羅森（Armin Rosen）和耶爾・羅森柏格（Yair Rosenberg），我很高興有機會每天向你們學習，非常感佩你們的才華、奉獻、精神和鼓舞。

四年前，我很不情願地被說服錄製某個節目，但不久之後，這件事變成我一生中最有意義的經歷之一：一個非正統的播客節目，像猶太人的生活一樣，奇特、不拘禮數、溫暖、有趣，兼容並蓄，達到應有的最佳水準。致我在這場冒險中最親愛、敬愛的朋友和合作夥伴：史蒂芬妮・布特尼克（Stephanie Butnick）、馬克・奧本海默（Mark Oppenheimer）、喬許・克羅斯（Josh Kross）和莎拉・弗雷德曼・艾德（Sara Fredman-Aeder）——願我們可以辯論的話題永遠都不會枯竭。

我深深感謝我的母親艾麗斯・明德林（Iris Mindlin）對我的信心和支持。最後，一如以往，我要謝謝我的家人，我的這小群英雄總是將我從各種困境中拯救出來：致我一生的摯愛麗莎・安・桑德爾（Lisa Ann Sandell），以及我們美麗的孩子莉莉・貝絲（Lily Bess）和哈德森・齊格飛（Hudson Siegfried）。你們是我的奇蹟，永遠都是。

漫威宇宙：
史丹李與他的超級英雄
Stan Lee: A Life in Comics

作　　者　里爾·萊博維茨 LIEL LEIBOVITZ
譯　　者　傅思華
封面設計　郭彥宏
內文排版　高巧怡
行銷企劃　林瑀、陳慧敏
行銷統籌　駱漢琦
業務發行　邱紹溢
責任編輯　林淑雅
總 編 輯　李亞南
出　　版　漫遊者文化事業股份有限公司
地　　址　台北市松山區復興北路331號4樓
電　　話　(02) 2715-2022
傳　　真　(02) 2715-2021
服務信箱　service@azothbooks.com
網路書店　www.azothbooks.com
臉　　書　www.facebook.com/azothbooks.read
營運統籌　大雁文化事業股份有限公司
地　　址　台北市松山區復興北路333號11樓之4
劃撥帳號　50022001
戶　　名　漫遊者文化事業股份有限公司
初版一刷　2020年10月
初版四刷(2)　2021年10月
定　　價　台幣360元

ISBN　978-986-489-406-2

國家圖書館出版品預行編目 (CIP) 資料

漫威宇宙 : 史丹李與他的超級英雄 / 里爾. 萊博維茨 (Liel Leibovitz) 著 ; 傅思華譯. -- 初版. -- 臺北市 : 漫遊者文化, 2020.10
288 面 ; 14.8x21 公分
譯自 : Stan Lee : a life in comics
ISBN 978-986-489-406-2(平裝)
1. 李史丹(Lee, Stan, 1922-2018.) 2. 漫畫家 3. 傳記
785.28　　109013854